本书系湖南省首批智库领军人才资助项目研究成果

中国特色新型智库建设与评价研究

盛明科 黄华伟 等著

湘潭大学出版社

前言

现代社会是思想制胜的社会，现代国家建设既涵盖了现代文化建设的成分，也有赖于思想文化的柔性支撑。纵观人类历史进程，素有轴心文明之称的古希腊雅典文明与先秦诸子百家思想，共同构筑了世界文明体系建设的第一次盛景。18 世纪，西方社会掀起的启蒙思想运动，描绘了世界文明体系建设的第二幅图景。如今，人类将进入世界文明体系建设的第三次浪潮。在此次文明构建浪潮中，哪一文明能谱写世界文明体系建设的绚丽华章，哪一社会能创造繁荣灿烂的文化图景，哪一国家能掌握全球治理进程的话语主导权，则显得至关重要。

基于对当今全球发展的科学研判与战略分析，国家出台了《关于加强中国特色新型智库建设的意见》，从国家战略层面提出加强中国特色新型智库建设恰当其时。究其由来，须从宏观、中观、微观三个维度予以析理。从国际范围来看，文化软实力已成为国家间竞争合作的核心要义。当政治、经济、军事等硬实力已基本成型的前提下，软实力对于国家间的关系有着不可或缺的重要作用，尤其是在全球联系日益紧密的现今，而智库建设程度俨然已成为衡量各国软实力的重要标度。从国家层面来说，加强中国特色新型智库建设，是推进国家治理现代化实践与社会主义民主政治建设的重要环节。智库在日常管理体制、资金筹措机制、法制保障机制等方面的健全完善，内蕴于国家治理体系现代化进程中；智库在咨政建言、服务社会、培养人才等方面的能力，是国家治理能力现代化的重要体现；与此同时，智库又能间接汇聚民意、扩大公民的政治参与，进而推动我国民主政治建设。就自身发展而言，我国智库建设存在的局限与面临的挑战，使得中国特色智库建设被纳入国家顶层设计体系之中。与西方国家智库相比而言，我国智库在成果转化渠道及效率、产品宣传推广、国际影响力、社会公众认同等方面仍然处于较为显著的劣势地位。因此，在与国际知名智库的交往对话中，面临诸多不可预测的挑战。

不同于国外学术型、合同型、倡议型的智库划分，我国智库体系由党政军系统、科研院所、高等院校、民间社会团体等部分组成。其中，高校智库由于在基础研究、学科门类、人才培养、学术交流等方面拥有独特优势，而成为中国特色智库体系中的重要组成部分。加强中国特色新型高校智库建设，结合高校目标定位分析可知，首要环节在于厘清其学科归属问题。因为，相较于官方智库，我国高校智库的独立性较强，而与民间智库相比则较弱，其中发挥关键作用的是高校智库的内部学科。要想强化高校智库的独立性与自主性，必然要从学科实力提升的基点着手。在某种程度上可以说，正是缘于学科门类的交叉融合，才促成了高校智库的现代化建设。这样看来，高校智库的学源实质在于知识管理系统的健全。那么，其归属于知识管理学抑或知识政治学，则成为当前亟待解决的重要议题。就本质而言，高校智库的运行机理是对科学知识的有序管理；就功能而言，高校智库的目标指向在于服务于国家社会大局的发展需要，即附有一种政治属性。因而，中国特色新型高校智库的学科归属议题，并非一朝一夕所能解决的，要在智库建设实践中，兼具政治与管理的多重学科属性，具体操作或侧重依实际情形而定。

之所以在走向全球治理进程中，加强中国特色高校智库建设，不仅仅源于满足现代化建设的实践需要，更在于其特有的必要性与重要性。就当前的国家发展形势而言，加强高校智库建设与评价的重要意义集中体现在如下三个方面：

一是有利于为国家治理现代化建设提供强大的智力支撑。我国国家治理现代化战略目标的实现，既需要政府、市场企业、社会组织等社会主要行动主体的共同努力，也离不开智库这一特殊组织实体的功能发挥。中国特色新型高校智库的潜在优势尚未完全被激发，亟须从体制机制上予以突破，这是加强高校智库建设的主体需要。然而，从深层意义上来剖析，高校智库建设的现实动因，则在于更好地服务于国家治理现代化的大局需要。

二是有利于夯实中国话语体系建构的知识基础。全球治理实践与人类命运共同体建构是世界各国的共同事业，我国在其中的作用发挥及责任践履事关我国国际地位。提升我国国际地位以重塑大国治理的优势，亟须从中国道路的话语体系建构着力，而话语权的轻重又离不开我国智库在学理层面提供的知识基础。如前所述，高校智库拥有较为雄厚的基础研究实力、健全的人才培养体系、广泛的学术交流平台，在知识基础提供上具有其他类型智库无可比拟的优势。当关涉国际关系时，显然，高校智库足以运用本身的知识管理能力，推动中国道路的话语体系建构实践，进而在一定程度上助推我国国际地位的提升。

三是有利于促进"双一流"战略目标的稳步推行。高校智库与高等院校是相辅相成、相互作用的关系。在教育领域实施"双一流"战略，直接目的在于提升我国高等教育水平，而这一水平的高低与否，亦受到高校智库因素的影响。换言之，高校智库隶属于高等院校，其建设水平与高校的教育水平呈正相关关系。这样看来，"双一流"战略目标的实现，从微观层面来看，则仰赖于高校智库建设程度。从智库建设角度来说，高校智库与所在院校有着较强的相关性，然而就智库评价而言，却不能简单地将二者混为一谈。因为，尽管不能以高校的实际发展情况作为评价高校智库的尺度，但对高校智库科学而合理的评价，却是衡量一所高校"双一流"建设情况的重要圭臬。

目 录

第一章
中国特色新型智库的理论范畴与功能定位

智库，Think Tank，也称“思想库”，即智囊机构、智囊团，是指由专家组成的多学科的，为决策者在处理社会、经济、科技、军事、外交等各方面问题出谋划策，提供最佳理论、策略、方法、思想等的公共研究机构。智库主要是以公共政策为研究对象，以影响政府决策为研究目标，以公共利益为研究导向，以社会责任为研究准则的专业研究机构①。随着特色新型智库建设步伐加快，深入探讨智库的基本理论范畴，对其内涵和功能进行科学的阐释，丰富中国特色新型智库的理论底蕴，是推动特色新型智库建设和加强智库间学术对话的客观需要，同时也是强化特色新型智库为政府决策咨询服务的现实需求。

---

① 按照世界上最著名的智库——兰德公司的创始人弗兰克·科尔博莫的定义，智库就是一个“思想工厂”，一个没有学生的大学，一个有着明确目标和坚定追求，却同时无拘无束、异想天开的“头脑风暴”中心，一个敢于超越一切现有智慧、敢于挑战和蔑视现有权威的“战略思想中心”。

第一节 全球智库建设的现状分析

一、智库建设呈现良好态势①

美国宾夕法尼亚大学“智库研究项目(TTCSP)”1月25日发布《全球智库报告2016》(以下简称《报告》)。在此次首发会上,宾夕法尼亚大学智库研究项目主任詹姆斯·麦甘通过远程视频对报告研究背景作了介绍。《报告》显示,2016年全球共有智库6 846家,其中北美洲智库有1 931家,欧洲有1 770家,亚洲有1 262家。美国依然是世界上拥有智库数量最多的国家,有1 835家;中国是世界第二智库大国,拥有智库435家。英国和印度智库数量位列中国之后,分别有288家和280家。

根据区域分布、研究领域、特殊成就三类标准,《报告》共列出52个分项表单。其中,中国智库上榜的表单数量达到41个,与2015年相比增加了13个,反映出中国智库呈现出良好的发展态势。此次全球智库综合排名榜单共涉及175家世界智库,其中美国布鲁金斯学会蝉联榜单首位。《报告》指出,当今世界的国际竞争已经不仅限于经济、科技等“硬实力”的竞争,以思想、观念、文化和智库等为核心的“软实力”竞争愈发受到重视,而作为创新思想的源泉,智库正成为各国“软实力”竞争的新焦点。在此背景下,智库已成为全球治理中不可或缺的政策建议源泉,整体呈现出蓬勃发展状态。全球已进入一个崭新的智库时代。

二、全球治理智库作用凸显②

中国发展研究基金会副秘书长方晋表示,当今世界发展的不确定性显著上升,越是在这样的时刻,政府、企业、民众越需要了解未来我们将走向何处,而智库的判断会对国家和各个机构的发展产生深远影响。国务院发展研究中心公共管理研究所副所长李国强认为,智库的重要性不容

① ② 此两部分是在林跃勤、王晓真撰写的《全球进入一个崭新的智库时代》一文的基础上修改而成,原载《中国社会科学报》,2017年2月6日,第3版。

置疑。当前国际上各个国家和地区在政治、经济、文化、安全、生态等方面的情况十分复杂,迫切需要智库发挥重要作用。有观点认为,特朗普上任后智库在美国的作用和影响力将有所下降。清华—卡内基全球政策中心主任韩磊(Paul Haenle)则结合自己在白宫和智库工作的经历提出了不同看法,他认为智库在美国不仅不会衰落,反而会更加重要。“随着特朗普上任,不确定性增加,人们更加需要深度的研究和可靠、有用的信息,而这也正是智库一贯的职责。”韩磊从美国智库的主要功能角度阐述了其如何继续发挥作用。首先是影响政府决策方面,特朗普政府中仍旧有一些来自智库的人员担任要职,自由派智库在影响政府决策上的影响力可能会有所下降,但美国传统基金会等保守派智库却受到重视;其次是促进公众的政治参与,美国智库仍会在就特朗普政府的决策提出批判性意见上扮演重要角色。

在中国政府重视智库建设的背景下,中国智库进入了发展的大时代。围绕智库如何更加积极有效地发挥作用,学者展开了讨论。中国人民大学重阳金融研究院执行院长王文认为,美国智库发展波动的经历表明,知识分子、智库学者是否真的重要,关键在于是否抓住了时代机会,是否能够提供真正的思想产品,能够预测时代的发展,能够形容、概括、总结好这个时代的变化。他强调,中国智库学者现在进入到了一个非常重要的时间点,要把握当下国家和时代提供的机遇,还要有“危机感”。中国社会科学院与上海市政府共建的上海研究院常务副院长文学国表示,智库从业者应“放低身段”,做好定位,做强自身,接地气。首先要保证自己的研究足够深入,自己的成果能对决策者有用,能够形成政策并付诸实施。其次需要了解思想市场上供给方和需求方的需求和能力状况,从思想市场的供给和需求这两个客观现实来分析,了解智库应该做什么,应该如何打造智库产品。中联部当代世界研究中心副主任许永权表示,中国智库需要提升质量。中国智库的能力能否适应和满足时代赋予的使命以及国家的需求,还需要智库人深入思考和更加努力。他认为,中国智库应探索“智库+”的发展模式,即“智库+政府”“智库+企业”“智库+媒体”等,才能产生综合性的效果。李国强提出,智库要不断适应新变化。传统智库仅仅做政策研究是不够的,现在智库的作用应该是多方面的,包括政策解读、政策评估、影响舆论、服务社会、国际交往等方面,这些都是在新形势、新环境下智库要适应的方面。智库如何利用社会媒体和年轻人结合等也是智库需要创新的地方。

受访者认为,改善智库评价是我国智库界的一项重要工作,科学合理的评价不仅有助于为公共政策部门以及社会各界提供服务对象选择,更能通过对智库的综合比较,为自身发展提供启示借鉴,从而推动智库创新发展。宾夕法尼亚大学智库评价只是诸多智库评价中的一家之言,其评价方法、公正性、合理性等也存在不足甚至缺陷,我们在借鉴其评价及方法的同时,应秉持批评精神、创新精神,不断创新完善我们自己的智库评价方法体系,为推进中国特色新型智库作出贡献。

三、中国特色新型智库建设方兴未艾①

"智库"机构在中国早已产生且源远流长,只不过在不同的历史阶段显现出不同的形态。古代中国最接近于当代智库的制度可追溯的有三种②。中华民族是一个非常讲究谋略、追求智慧的民族,光是先秦诸子中强调谋划之重要性的就有道家、法家、纵横家,等等,而孙子尤以其鲜明的谋略性深刻地影响了之后两千年的中国文化。党的十八大以来,中国智库建设进入快速发展期。未来一个时期,中国智库总体上将朝着新型现代智库方向迈进,在吸收借鉴其他国家智库发展成功经验的同时体现中国特色和中国气派。

发展形态多样化。未来智库建设将形成以官方智库为主导、以高端智库为龙头、以社会智库为补充的基本格局,呈现多样化发展、共同繁荣的局面。社会各界对智库多样化表现出足够的包容性,民间智库发展会有更好的环境。随着我国在世界上的影响不断增强,智库的国际化建设将会快速推进,相当一部分智库尤其是北京、上海的智库将把研究视野拓展到研究中国与世界的关系上,配合国家战略同步开展研究、建言献策。以我国为主导的国际智库联合体将应运而生,类似"清华—卡内基全球政策中心"等跨国合作的智库组织将有所增加。

---

① 本部分是在周湘智撰写的《接轨国际标准 凸显中国特色 我国智库建设发展趋势前瞻》一文的基础上修改而成,原载《人民日报》,2016年3月3日,第7版。

② 古代中国最接近当代智库的有:春秋战国时期的门客,战国至五代的幕府,明清时期特别是晚清时期的幕府。

研究方式专业化。未来专业型智库会越来越多，智库开展分业化、精细化、定制化研究将成为常态。智库将更加注重采用大数据、互联网、云计算、政策仿真实验、定量建模等现代政策分析工具和方法，智库研究的精细化、数字化、模型化程度会进一步提高。智库成果的表达方式将更加注重政治话语、学术话语、社会话语的融会贯通，更加注重立体化、个性化与精准化。一些综合型智库将更加突出专业特色与品牌效应，那些四平八稳、形象模糊、缺乏拳头产品的智库将在激烈竞争中逐渐衰落或被迫转型升级。

资金来源多元化。除了传统的公共财政渠道，个人、基金会、企业提供的社会捐赠将成为未来智库资金的重要来源。智库通过会员费、智库出版物收入、会议活动费、投资收益等方式获得的市场化运作收益，基金会、企业、个人通过委托研究形式为智库提供研究经费，将使智库的资金蓄水池越来越大。同时，对智库财务管理的规范化程度要求也将同步提升，形成良性循环。

团队构成复合化。智库研究需要理论与实践深度融合，同时具有综合性、跨学科性。因此，未来很多智库研究项目将由专家学者、党政机关工作人员、企业工作人员甚至自由职业者组成跨部门、跨专业的研究团队，这也是智库的中国特色体现较为明显的一个方面。随着专业化运作的推进以及提升自身影响、传播政策主张、影响社会公众的需要，智库将普遍建立自己的媒体运营团队，利用自办报纸、刊物、网站、微信、微博、论坛甚至网络电视等形式，全方位、实时化对自身研究成果和重大活动进行传播，品牌运作将融入智库运行全流程。

决策参与全程化。随着各级党委、政府对智库产品购买力度逐年加大，未来我国智库将更深入、广泛地融入决策过程。智库不仅为党委、政府决策提供建议，一些优秀智库还将深度参与政策的论证、执行、评估过程。同时，各级党委、政府也将加强对智库建设绩效的评估评价，以推动智库不断朝着自己设定的期望值靠近，一些评估不合格的智库获得支持的力度将会受到影响。相关机构也将发布更为准确、客观的智库排名，以社会评估的方式推进智库可持续发展。

第二节　中国特色新型智库的理论分析

一、特色新型智库的基本内涵

十八届三中全会明确提出，要“加强中国特色新型智库建设，建立健全决策咨询制度”①，中国智库建设和发展步入快车道。什么是中国特色新型智库？与传统智库和西方智库相比，中国特色新型智库具有何特征？其“特”与“新”又表现在何处？

智库又称思想库、智囊团，是智者的聚集之处。由于智库性质、服务对象、研究专长的差异，形成繁多的智库类型，学界对智库的定义也不尽相同，在智库发展和研究的过程中，逐步形成了智库的三个基本含义，即智库是决策咨询机构和政策研究机构；直接或间接地服务于政府、社会和公众；进行跨学科的、相对中立的综合研究，谋求解决现实问题和提出政策建议，并且引导舆论和教育公众。② 中国特色新型智库的基本内涵则在于，在中国共产党的领导下，坚持中国特色社会主义，官方和民间等多元智库主体共同作为国家决策体制的外脑，为党、政府和社会提供政策研究和公共决策咨询、政策解读、行动方案和决策咨询等服务的智力机构。③

中国特色新型智库的基本内涵决定其比西方智库和传统智库具有更加鲜明的特征，突出显示在“特、专、新、优”四个方面。首先，“特”即中国特色。中国与西方国家在国家性质、政治体制等方面截然不同，这就决定了中国的新型智库与西方新型智库在性质、立场和服务对象等方面存在

① 中华人民共和国中央人民政府．中共中央关于全面深化改革若干重大问题的决定[EB/OL]．(2013－11－15)[2017－05－11]．http://www.gov.cn/jrzg/2013－11/15/content_2528179.htm.

② 孙蔚．国家治理视野下的中国特色新型智库[J]．中共中央党校学报，2014(8)：65－68.

③ 李国强．对“加强中国特色新型智库建设”的认识和探索[J]．中国行政管理，2014(5)：16－19.

根本性的差别。中国特色新型智库是建立在中国特色社会主义制度基础之上的智库，在中国共产党的领导下，想国家之所想、急国家之所急以及想国家之未想，以知识为民、知识报国的方式为中国特色社会主义建设提供高质量的公共决策咨询等智力服务。其次，“专”是智库的重要特点，对新型智库更显重要，其包含专业化和职业化两个层面。无论何种类型、性质和规模的智库，都是通过集中专业人才和优秀专家提升智库的专业化程度，保障智库发展和影响力提升；职业化就是智库人员以开发智力产品和提供智力服务为职业，建立职业化的智库团队，对相关领域进行长期、稳定和深入的研究，进一步提升智力产出的专业。快速变迁的社会环境和政策领域的细化对党和政府的决策能力提出了极大的挑战，对专业化智库提供的决策咨询服务依赖性不断增强。中国特色新型智库是为社会主义中国提供公共政策决策咨询服务的，推动智库研究领域和研究方向的专业化，研究团队和研究方法的专业化，长期稳定地为社会主义建设提供优质、专业的智力产品，提升党和政府公共决策的科学性和专业性。再次，“新”是中国特色新型智库区别于传统智库的根本所在，区别于传统智库和西方智库，“新”表现创新中国智库模式，形成新的智库理念和组织方式。新型智库以服务公共决策为导向，创新智库管理体制机制，鼓励非官方智库的发展，强化协同创新，增强内生动力，壮大智库队伍，实现新型智库多元共生发展，培育一批世界一流的综合性职业性智库，占据国际智力高地。最后，“优”既是中国特色新型智库的特点也是追求的目标。组建智力结构合理的职业化优秀智库团队，对公共决策相关专题进行持续性、深入性、全面性的研究，为国家、政府和社会提供专业化、优质的智力产品和服务，提升公共决策的科学化水平。

二、特色新型智库的主要分类

党的十八届三中全会将中国特色新型智库建设上升到国家战略层面，有效地激发了智库建设热情，各类智库数量呈井喷式增长，逐步形成了庞大的智库体系。据美国宾夕法尼亚大学 TTCSP 发布的《全球智库报告 2016》显示，中国以 435 家智库拥有量成为仅次于美国的世界第二智库大国。不同于国外学术型、合同型、倡议型的智库类型划分，我国智库按其性质可划分为官方智库、半官方智库和社会智库或民间智库三大类；

按研究的专业性可划分为综合性智库和专业智库两类。中国智库索引(CTTI)将智库划分为党政军智库、社会智库、高校智库等十个类型;上海社会科学院智库研究中心将我国智库归纳为党政军智库、社科院智库、高校智库及民间智库四种类型①。结合智库性质、隶属关系、资金获取方式、人员身份等指标,智库可划分为官方智库、半官方智库、高校智库和民间智库四种类型。

官方智库,顾名思义是存在于国家体系内部,直接为党政部门和领导提供决策咨询服务的智力机构,包含党政内部的研究机构、中国科学院、中国社会科学院等类型的相关智力机构。作为我国智库的领头羊,官方智库体系完善,涵盖国家社会发展的所有领域,以宏观领域里的各类政策为研究对象,具有战略性和综合性,直接影响国家决策的走向,是提供公共服务决策咨询的主要力量。官方智库具有鲜明的政治性和政策性,紧密联系政府,在资金保障、信息数据获取等方面具有其他类型智库无法比拟的优势。官方智库所具有的优势也是导致其存在问题的重要因素所在,与政府趋同的组织结构和层级化运作方式,致使官方智库独立性不足和缺乏竞争意识,开发和创新智力产品和服务的动力不足,缺乏活力。

半官方智库,即在机构设置上不直接属于政府系统,但政府部门作为其挂靠单位,同时智库经费来源、人员构成以及智力开发内容对政府或官方智库有着一定的依赖性,是介于官方智库和民间智库之间且同时具有二者部分组织特征的智库类型,具有半政府半民间的双重身份。半官方智库数量众多,行业协会、学术机构、社团组织等都属于半官方智库范畴。此类智库与官方智库和民间智库相比,在公共政策决策咨询服务领域中难以匹敌官方智库,市场竞争意识、社会信任度与民间智库、高校智库相比还具有一定的差距,智力产品与服务的研究开发缺乏清晰的指导思想和发展路径,核心竞争力不足。

高校智库,是依附于高等院校所组建的专业性或综合性的研究中心和研究院②。高校拥有完善的学科门类和良好的科研环境,集聚了大量的专家学者、专业性人才和信息资源,从根本上为智库的发展提供了智力

---

① 上海社会科学院智库研究中心.2016年中国智库报告[EB/OL].(2017-03-04)[2017-05-11].http://www.pjzgzk.org.cn/c/1501.htm.

② 邓岩.中国智库的类型研究[J].天水行政学院学报,2011(5):61-65.

支撑。依托高校组建的智库，具有思想活跃、智力结构全面、研发能力强、研究持续性强等特点，能直击公共政策决策的前沿性问题，提供专业化、前瞻性的智力产品和服务。现阶段，我国高校智库发展迅速，大部分高校都建立了专门的智库机构，成为中国特色新型智库建设的又一主力军。此外，高校的性质决定了开发的智力产品和服务具有基础性、理论性和学术性等特点，研究成果与社会发展不匹配，成果转化推广难度较大，制约了高校智库的建设和发展。

民间智库，在某种意义上指的是除上述三种智库类型之外其他智库的统称，包括企业型智库、民办非企业单位法人型智库和民间非营利性的研究机构等智力机构。相比其他三类智库而言，民间智库的独立性最强，对政府的依赖性较低，具有显著的市场化运作特征。与发达国家相比，我国民间智库总体上面临着数量少、影响力小、政策支持薄弱等现实困境，智力产出率和创新率低，对公共政策决策提供有效咨询服务的能力和水平还较低。

三、特色新型智库的治理结构

“治理结构”是由“治理”和“结构”组合而成的，最早提出此概念的是新制度经济学家威廉姆森，指一个组织中各利益群体的相互关系，它通过权力的配置和运作机制来达到关系的平衡，以保障组织有效运行并实现其根本目的①。随着社会实践的发展与进步，“治理结构”一词逐渐引入政治学、社会学、管理学等研究领域。特色新型智库治理结构可从广义和狭义两个层面进行分析：狭义的智库治理结构，简而言之就是为有效达成新型智库目标及理念所进行的一系列制度安排和形成的组织结构；广义的智库治理结构，不仅是指静态的智库组织结构，还涉及特色新型智库建设所需的人才、经费、信息等资源配置的动态过程②。本文从广义层面探讨智库治理结构。

中国特色新型智库建设是建立健全决策咨询制度的关键环节，其使

① Commission on Global Goverance. Our Global Neighborhood: The Report of the Commission on Global Goverance[R]. Oxford:Oxford University Press, 1995: 2.

② 朱旭峰．构建中国特色新型智库研究的理论框架[J]．中国行政管理，2014(5):29-33.

命便是参与公共决策过程，为政府公共决策提供专业性的咨询服务，提升公共政策的科学性和有效性。特色新型智库的内部组织结构和外部结构性关系对智库有效运行起着至关重要的作用，直接影响智库功能的发挥和目标理念的实现。就组织结构而言，特色新型智库与传统智库相比，其横向治理结构和纵向治理结构的边界日渐模糊，构建起“理事会 + 智库专家”这种几近平面的扁平化新型智库组织结构，打破了僵硬的层级约束，不同学科、不同领域的专家学者在合作竞争的环境中贡献自己的智力，提升了智库成员贡献智力的积极性，激发了智库创新活力，为治国理政和解决中国问题提供高质量的智力产品和服务。

此外，特色新型智库的治理结构不仅包含内部组织结构，其与外界相联系的节点设置也是治理结构的重要组成部分。特色新型智库是一个开放性的智库，要求特色新型智库必须紧密联系外界，智库与外界网络的连接点形成特色新型智库的重要外部治理结构，是获取信息、数据、资金、人才等智库开展智力开发创新所需资源的重要保障，同时也是智力产品转化为治国理政和解决中国问题方案的重要通道。内部治理结构和外部治理结构共同形成中国特色新型智库的治理结构体系，有助于提升智库效率、完善智库结构和优化资源配置，从而达成提升智库影响力和提供优质公共决策咨询服务的目标。

第三节　特色新型智库知识生产的社会建构①

无论是发达国家还是发展中国家，抑或它们在制度、历史、文化等方面有多大的差异，智库作为一种相对稳定的政策研究和咨询机构，汇聚、整合以个体化形式存在的知识产品，以专业性、前瞻性、客观性、中立性的决策咨询服务嵌入政策议程之中，已成为其国家治理体系和治理能力现代化不可或缺的重要组成部分。

① 本节是在王卓君、余敏江撰写的《新型智库知识生产的社会建构》一文的基础上修改而成，原载《中国社会科学报》，2015 年 10 月 9 日，第 4 版。

一、智库知识生产的社会建构逻辑

建设高质量中国特色新型智库是时代的必然要求。然而，与时代要求相比，我国大多数智库仍然局限于传统意义上的学术机构模式，咨政方面的活力大多没有释放出来。智库自身的发展现状与中国经济社会崛起的现实和要求不相符，与政府决策层的期待也不相称。究其原因，在于忽视了智库自身的建构属性，忽略了其运行的社会基础，也未能从价值立场去理解智库的意义赋予行为，强调权力关系、结构与行为主体间的相互建构。事实上，智库是生产“知识”的社会组织，“知识”的缔构与生产不能仅仅依凭于所谓的理性知识论和绝对实在主义的方法学。有效的“知识”不仅是反映社会实践的相对稳定的客观实在，更多的是由人们在社会交往中协商和互动的结果。而且，主观互动知识对社会实践具有很强的介入性。在政策制定过程中，能够自由表达、疑问、对话以及挑战不同境遇和不同类型的知识是一种间接权力。知识问题也是权力问题，权力—知识—主体之间密不可分，表现出相互建构的特征。从这个意义上说，理性化的政策制定过程应该有一个公众行动—知识行动—政策行动的连通问题。只有这样，政府的政策制定才能真正建立在民主与科学的基础之上。如果智库的“知识”生产与公众意愿相违背、与政策议程相脱离，那么智库建设的意义就不大。

不难看出，新型智库是社会建构的产物。与理性建构论不同，社会建构论不是某种对象性社会事实的理论，而是一种有关社会行动、互动和社会过程的理论。也就是说，新型智库的行动者不是个体性的，而是社会性的；不是被动的，而是积极、主动和交互影响的。新型智库知识生产建构的过程不仅仅是一个心理活动的过程，更是一个社会性活动的过程，其中包括对话、沟通、论辩、共识等复杂的社会过程。被建构的“知识”不仅是一个具有逻辑贯通性的真理体系，而且是“集体智慧”的结晶，包括不同建构者不同角度的观察和思考，不同利益的沟通和整合。一言以蔽之，在社会建构主义的视野中，新型智库的知识生产不能沉迷于自我话语的建构，忽视公共生活的关注以及与政府决策的互动。

二、智库知识生产的社会公众参与

作为现代民主政治运作中的重要一环，公众的理性参与能够为智库专家提供相关的政策信息，促进专家理性。一般而言，新型智库的知识体系，既包括智库专家经由系统性学习、归纳与抽象而得出的专业性、理论性的知识类型，也包括普通公众基于个人朴素的认知与价值观念而产生的经验常识。这种经验常识一般是个体性的、与自身立场与诉求紧密相关的知识类型。如果智库专家只是在书斋中进行普遍理论的演绎，而对无限复杂、个性化的现实思考甚少，则必然与公众的经验常识发生偏离。这就需要畅通和拓宽民意表达与输入的制度平台，通过这个平台与智库专家展开对话、协商甚至自由论辩，能够达成某些基本的共识。这种基于多种信息和交涉而获得的共识，能够提升政策质量和政策可接受性，因而是智库专家咨政建言的正当性基础。反之，如果新型智库的知识生产仅仅源自于智库专家对职业地位、科研经费的追求，则有可能导致科学知识被有意识地选择来服务于权力意志。这样一来，智库专家会以自己的价值判断代替公众的价值判断，而这种价值判断在多数情况下又与智库专家的自身利益相勾连。在某种社会情境下，智库专家甚至成为私利的代言人。换句话说，如果以“专业知识”的名义来进行政策议程的选择，就可能掩盖背后的政策过程，排除外部政治权力与公众的参与和监督，而且有可能出现一种拒斥普通公民需求与意愿的政策过程。

三、智库知识生产与政府决策良性互动

在新型智库的知识生产过程中，除了要形成智库专家与社会公众相融互动的行动网络以了解民情、反映民意和集中民智，还要注重与政府决策的良性互动，使政策制定在多元理性的交互作用下更加趋向科学与合理。后者甚至有着更为重要的意义。一方面，新型智库知识生产与政府决策的结构关系是共生性的。新型智库与政治权力之间形成一种强互动的契约关系，任何一方都需要另一方的力量来获得自身存在的合法性。政府决策的科学性、合理性求助于智库专家，是现代社会“政治技术化”的要求。新型智库则利用其独有的议题设置、财力和人员匹配，从其知识生产对政府的效用中获得合法性。另一方面，新型智库知识生产与政府决策的行动逻辑是互动合作的。就新型智库的知识生产而言，只有通过与政府决策的互动，才能反思知识本身，才能检验知识的适用性。对于政府部门而言，只有通过与新型智库的互动，才能减少或克服有限理性，在

致力于“共同善”的程序驱动下对最佳政策方案进行不懈追求。而且，这种互动不是由一方向另一方的传达通报，也不是单方面的说服教育，而是建立在准确的信息、理性的磋商和大范围的可供选择的方案之上的。这样的互动是“经过提炼”的，“经过提炼”的政策方案是明智的，因为它掌握了不同方案支持者认为真正相关的各种互相竞争的观点和事实，亦增进了智库专家对政策抉择的理解、认同和支持。

总之，通过社会建构主义视角的引入，新型智库需要改变原有的认知结构，在公众、智库专家、政府三者之间的互动中寻求发展。在这一过程中，新型智库不是封闭组织系统中智库专家的自我呈现描述、内部建构和行动，而是与公众、政府共同的实践行动。通过不同行动者的对话、协商与合作，不仅能促进知识的有效聚合和共享，而且在政府、智库专家与公众之间形成一种决策权的分配结构和权力行使的制约机制，最终建构的政策、决策或意见是政府决策者与社会主体的同一过程所生成的客观化结果。

第四节　智库建设与中国国家治理能力的提升①

智库是国家治理的“大脑”。国家治理层面的决策具有整体性、综合性、长期性等特点。智库以兼具学术性和实用性的科研成果契合了国家治理对专业知识和权威信息的要求，以持续化和前沿性的科研成果契合了国家治理对源头治理和先期治理的双向要求，以综合集成的科研成果契合了国家治理对整体性治理的要求。智库功能的充分发挥对于推进国家治理体系和治理能力现代化都具有重要意义。

一、扩大国家治理的资源实力

国家治理本质上是运用国家权力治理公共事务、实现公共利益、维护公共秩序的过程。国家治理的核心是，国家治理能吸纳全社会的声音以

① 本节是在余敏江撰写的《智库作用与国家治理能力提升》一文的基础上修改而成，原载《中国社会科学报》，2017 年 3 月 31 日，第 4 版。

整合和平衡社会利益。智库恰恰是沟通学术研究、政策实务和社会关切的桥梁。大多数高质量智库的政策研究过程其实就是深入社会实践、从经验型材料中进行抽象和归纳形成政策方案的过程。智库致力于使其研究与其他精英群体和社会大众实现有效联结，通过科学的社会调查，深入群众，了解民众在政策问题上的利益诉求。在这个过程中，智库往往能以边缘群体利益代言人的角色对国家治理的利益均衡实施动态调节。而且，由于集专业化、系统化为一身，智库能够为政府决策收集、分析大量的数据信息，为国家治理建立良好的信息基础。同时，作为知识共同体，智库由跨学科、跨专业的专家学者组成，这为智库对国家治理资源的多元知识视角分析提供了可能。智库往往能够通过知识的融合，创新地发现国家治理资源的新用途。

二、提升国家治理的民主程度

公民参与是国家治理的重要形式，是提高国家治理政治合法性的重要工具。然而，公民参与带有“集体行动”的弊端，即个体理性行为的非合作博弈结果带来的集体困境而导致的政策悖论。尽管公民参与在一定程度上能够满足公民的需求，但它经常演变为日常的讨价还价，因而，会带来诸如浪费时间、高成本、部分利益集团的强烈干扰等问题。有时在参与过程中，公民容易被表面现象蒙蔽，看不到问题的症结和利益所在而采取非理性行为。这通常以损失更为理性的社会目标为代价。显然，与公民的直接参与相比，现实中更多的是智库参与。智库的使命通常是“为公众利益服务”，并且以其政策分析发挥着“教育社区”的作用。智库能够满足政策议题的专业化要求；在政策制定过程中，为重要利益相关者之间交换想法和信息提供建设性的论坛；智库能够在国家、公众和专家三种力量中进行理性的沟通和交流，最终为促进各方的合作或妥协提供可能。其中，党政智库可以依靠强大的内参报送系统吸引领导人的注意；高校、党校和社科院系统的智库尽管相对远离决策核心，但它们也有一定的渠道进入政策过程之中，同时可以依靠著作、论文、通讯报告、年度研究报告等文本形式和专栏评论、接受采访、举办各种专题研讨会等多种形式建言献策；民间智库比那些靠近权力中心的智库更便于获取准确的社会信息，提供更加客观中立的政策分析并通过媒介传播自己的思想，从而在社会中形成舆论热点和舆论强势，促使政府关注某一问题和智库对该问题的咨政建言。

三、增进国家治理的政治认同

政治认同是公民对政治权力及其体系的情感归属以及对政治权力基于内心的认可和支持。政治认同是国家治理的政治合法性基础。智库对政治认同的增进源于智库功能与政治认同特点和形成要件的契合。政治认同要求公众具有认识政治的基本信息、知识和技能。然而，源于社会的专业化分工以及公众自身知识储备的不足或不均衡，普通公民常常不能理解政治过程中包含的知识和技能，致使公民对于政治认识和理解往往囿于表面。肤浅的政治知识和认识将导致公民缺乏政治理解力和归属感，加之可能出现的西方意识形态的渗透，有可能导致政治认同危机。如何提高公民的政治素养和人文素养，智库发挥着关键作用。智库能够对国家重大政情政策的解读、分析、讨论和宣传，通过多元互动用"百姓愿意听、听得懂的话"为公众解疑释惑，即使高度精练的宏观指向变为各领域的具体政策建议，也在社会中建立良好的价值观导向和舆论导向。这一过程有效地普及了知识，传输了专业技能，同时也使公民理解政策方针，感受社会公平。通过主流价值观的引领和"软法"的约束能够有效地解决国家治理中集体行动的困境，从而保证国家治理中多元主体和资源的有效整合和协同行动。如在处理环境污染冲突、征地拆迁冲突和劳资冲突等问题的过程中，都可以看到智库的正确解读和教育引导。不断增强的政治认同将以意识形态资源的形式，不断供给合法性，从而有力地保障国家治理的实施。

总之，特色新型智库不仅是吸纳民意，促进决策科学化、民主化的有效载体，也是国家治理政治合法性重要的构建者、推动者和引领者。建设特色新型智库既需要提升智库组织能力，如领军人物和研究团队建设，专题性知识的开发，以理念及解决方案为载体的知识创新，智库人才的市场化、国际化等，更需要优化特色新型智库的政治生态，如政府决策体系的开放、领导者的民主风格、政策"守门人"较强的创新能力等。其中的关键在于，一要平衡智库专业功能和公众参与的关系，充分汲取社会的人力资源、信息资源和智力资源，形成常规化的民意收集、跟踪、研判机制，并且融入自身的知识生产中，为国家治理提供有针对性、可操作性的决策方案。二要在中国特色的政治架构下，将智库的活动嵌入国家的政治运行过程，使两者的活动具有互适性。三要平衡体制属性与政策研究独立性之间的关系，形成官方智库、半官方智库和民间智库的强大合力，为国家治理提供强大的智力支持。唯有如此，才能最大限度地发挥智库的优势，提升智库参与国家治理的有效性。

第二章
中国特色新型智库内部与外部运行机制[①]

智库的运行机制是智库生存发展的内在机能及其运行方式，是引导和制约智库人、财、物等运行行为的基本准则及相应制度。缺乏高效的运行机制，再优质的要素资源也无法转化为智库的胜任力。中共中央办公厅、国务院办公厅《关于加强中国特色新型智库建设的意见》明确指出，要"以完善组织形式和管理方式为重点""建立一套治理完善、充满活力、监管有力的智库管理体制和运行机制"[②]。2017 年 2 月 24 日召开的国家高端智库理事会扩大会议进一步强调，要"突出'出成果、抓运行'两大任务"，要"深化体制机制创新，探索形成符合决策咨询规律、体现智库特点的管理运行机制"[③]。与发达国家相比，当前我国智库的运行机制还较为粗放，导致理论研究与对策研究失衡、平台建设与内容建设失衡、成果数量与成果质量失衡、现实研究与超前研究失衡、研究人才与管理人才失衡，智库运行机制现代化已成为中国特色新型智库建设的当务之急，必须以高度的理论自觉与实践自觉，回应智库理论建设与实践操作的迫切需要，从运行技术与实施流程层面尽快构建起中国特色新型智库

---

① 本节是在周湘智撰写的《中国特色新型智库现代运行机制的构建》一文基础上修改而成的，原载《河南社会科学》，2017 年第 3 期，第 22—28 页。

② 中国记协网．关于加强中国特色新型智库建设的意见[EB/OL]．(2015 - 01 - 21)[2017 - 02 - 26]．http://news. xinhuanet. com/zgjx/2015 - 01/21/c_133934292. htm.

③ 刘奇葆：提升服务决策能力 打造"智库国家队"[EB/OL]．(2017 - 02 - 24)[2017 - 02 - 26]．http://news. xinhuanet. com/politics/2017 - 02/24/c_1120526985. htm.

现代化的运行机制框架。

第一节 特色新型智库内部运行机制框架

智库的内部运营机制是智库的"心脏",是智库迈向高端的内生动力,也是中央关于高端智库机制创新的首要任务,智库"心衰",则必然"心有余而力不足"。只有建立起真正适应高端智库建设要求、符合现代智库建设规律的内部运营机制,中国智库建设才能实现质的飞跃。构建中国特色新型智库现代化内部运营机制旨在对智库运行活动进行高效的组织。

一、组织架构机制

高端智库必须具备完善的组织形态和内部组织体系。当前我国这方面最突出的问题是高校、党校及社会智库三类机构在智库组织形态上存在缺陷。绝大多数高校和党校未处理好智库母体与智库载体的关系,把整个学校作为一个智库来看待;少数社会智库则由体制内人员在外注册,人员仍是现有人马,名实不符。高校和党校等机构要成立专门的智库组织、设立专门的智库岗位,整合全校力量从事应用对策研究,必要时可申请注册为具有独立法人地位的民非组织;对不符合要求的社会智库则要进行及时清理,补好管理漏洞。联盟型研究社团、非实体社科类社会组织、纯学术研究机构等"亚形态智库",要按照智库"八条标准"进行智库组织的单列、再造或机构识别。要积极在智库内部探索建立由企业、政府、媒体成员等构成的独立董事会和多元资金来源构成的基金会,发展跨国合作组织形式,实现对传统智库组织架构的升华,进一步增强智库的自主性和客观性。

二、功能导向机制

高端智库必须有高端作为。当前我国一些智库"供给不足"与"销不对路"的问题同时存在,表现为平台建设得多,内容建设得少;理论研究得多,对策研究得少;外围产品多,核心产品少;文字描述多,量化分析少;应景的研究多,应该的研究少。要构建科学的产品矩阵,就要着重提供四类产品:一是咨政型产品,提供高质量的决策预警、决策信息、决策评估、政策解读、业务培训;

二是学术型产品,出版高质量的学术专著、论文和连续性研究报告;三是评价型产品,在专业领域定期发布权威指数报告、评估报告、综合排名,设立专业奖项;四是平台型产品,发起成立专业协会、定期举行高端论坛、举办行业比赛、发布课题项目,真正使重要人物对智库关心、重要场合要智库参加、重要工作要智库建言、重要文稿要智库参与。

三、研发组织机制

周密的研发组织是高质量成果产出的根本保证。当前我国智库还存在选题立项不准、团队结构不优、激励导向不力、质量控制不严、转化渠道不畅的问题。智库要拉长五块短板:一是精心选好题。加强与党委和政府的紧密对接,每年集中精力研究解决几个事关经济社会发展的前瞻性、战略性、紧迫性问题。实行研究重要性的分类评级制度,把精力集中在研究党委和政府关切的大问题、真问题、难问题上。二是科学建团队。注重采取矩阵结构,进行跨学科综合研究,形成以我为主、多方参与、集体攻关、协同创新的组织形式,解决系统问题,应对国家总体战略和时间、领域跨度较大的项目。三是舞好指挥棒。建立学术成果与智库成果并行并重的考核评价制度,形成有效激励。四是把紧质量关。更加注重采用大数据等现代工具,坚持分级审核,强化成果内审,严格立项评价、中期评价和结项评价,控制好业务多元化风险。五是成果转化。精准抓住政策"窗口期",有效推送政策观点,使成果顺利得到运用。

四、人事管理机制

高端智库靠一流人才创造一流成果。当前我国智库还存在学院型专家多,策士型专家少;学术专家多,智库管家少;人才流失多,人才流动少的问题。智库要大力纳才,"适当打破学历门槛和专业限制,自主招聘急需的应用型人才"①;科学用才,制定科学的业绩考核办法,奖优罚劣,对不合格人员实行退出机制;悉心育才,多渠道培养一批预见型、战略型、复合型人才,打造一批田野型、工具型、外向型人才,形成一批传播型、掌舵型、服务型人才。要大力强化研究人员"专业数据库建设技能、基于'互联网+'的大数据分析技能、数字

① 周湘智. 智库建设急需高端人才[N]. 光明日报,2015-02-04(7).

化政策分析评估技能、战略预测技能、多元文化分析技能、多学科协同研究技能、智库形象塑造与营销技能”①，培养建设一支强大的智库战队。

五、国际交流机制

高端智库要具备开展国际合作与交流的良好条件，有较强的国际影响力和话语权。当前我国智库内向程度还较高，但“出不去”“不敢出去”“无处可去”的问题比较突出。要牢固树立国际视野和开放意识，积极与有关国际组织、国际知名智库开展合作研究，加大赴国外开展实地调研与学术交流力度。争取更多举办和参加国际会议，鼓励科研人员用多种语言在境外期刊发表文章、出版专著。要积极拓展公共外交功能，有力配合国家外交和地方开放发展需要，发挥独特作用。

六、硬件保障机制

高端智库必须拥有稳定的资金来源和必备的基础装备。当前我国智库仍存在自身造血功能弱、独立行走能力弱、资源获取能力弱和过度依赖财政拨款的问题，很容易因信息支持系统不健全而导致“耳不聪目不明”“拍脑袋”咨政。要进一步丰富融资模式，把社会捐赠作为智库资金的补充来源，积极通过委托研究、会员费、市场投资、智库出版物、会议活动等方式获得收益。要加大硬件投入，营造高端化、标准化、国际化的工作环境，尤其要向华中师大中国农村研究院学习，突出数据信息采集分析系统建设，大力完善社会调查、统计分析、专题资料、实证案例专题数据库建设。要注重智库自有技术的集中、整理、更新与共享，为决策研究提供全面快捷的“一站式”支持。

七、传播营销机制

智库的社会影响力是高端智库的重要指标。当前我国智库在机构和成果传播营销上，不敢传播、不会传播的短腿明显。智库要将品牌运作融入智库运行的全流程。一是要完备媒体推送平台，加强与主流媒体的常态化联系与整体联动，建设好自己的媒体运行团队，利用全媒体进行全方位、实时化传播；二是要丰富对外推广渠道，定期举办成果发布会、研讨会，积极参加听证

① 王辉耀，苗绿．大国背后的“第四力量”[M]．北京：中信出版集团，2017.

会、座谈会、论证会，主动接受采访，进行政策宣讲，担任评委；三是要打造形象识别系统，制作智库徽标，推出形象宣传语，推行统一标识的日常事务用品，推进硬环境文化化、展项化，有效展示实力、传播主张、影响公众。

八、文化涵养机制

优秀的智库文化是实施价值观管理和吸引精英人才的重要条件。当前我国还存在功利型智库多，功能型智库少；粗放型智库多，精专型智库少；靠智库为生多，为智库而生少等问题。要始终把内容为王作为第一价值，以科学的方法、理性的态度、过硬的成果咨政谏政，让专业主义精神滋养智库的体魄与灵魂，以传世之心著传世之作。始终把正直负责作为行动的底线，以知识报国的浓厚情怀、为民负责的从业坚守、甘于奉献的道德情操，敢于向权力说真话，不被私利所左右。始终把主动作为当作职业精神，想决策者之所想，急决策者之所急，主动担当，快速反应，以饱满的精神状态赢得党委、政府和社会的认可，赢得自身发展的战略主动。始终把规则至上作为发展之道，注重依靠科学的制度管人理事，严格遵守国家的法律法规，明行止、不逾矩、守底线。始终把开放包容作为鲜明个性，以互联网思维构建社会化研究网络，促进决策者、研究者和公众多方互动，多方获取有智之士的支持。始终把人文关怀作为价值坚守，使全体成员在思想上共进步、在工作上共进取、在得失上共进退，形成既有个人光彩夺目也有团队相得益彰的生动局面。

第二节　特色新型智库外部推进机制构建

与世界多数国家的智库均为社会智库的情形不同，我国绝大多数智库都属于体制内智库，社会智库数量较少。同时，中央和地方各级政府作为智库的行政管理部门与主要服务对象，在中国特色新型智库建设中起着至关重要的作用。因此，我国智库建设既要靠智库自身建立良好的内部治理结构，也要靠党委和政府提供良好的外部发展环境，同时，还要靠社会力量提供相应的支持。中国特色新型智库现代化的外部推进机制旨在为智库营造一个法制化、制度化、效率化的外部环境，既对智库实施有效的激励与保障，又对智库进行必要的制约与规范，实现智库资源效能的最大化。

一、业绩评价机制

一是智库主管部门要建立对所辖智库绩效的考核评价机制。目前各级政府对智库的业绩考核相较于政府机构等部门还较为宽、松、软,这在一定程度上助长了智库的慵、懒、散,由智库主管部门牵头对所辖智库的工作绩效进行考核评价非常必要。智库主管部门要着手建立和完善行业规范与准则,制定智库业绩目标考核机制,定期对智库开展半年期、一年期乃至中长期考核,将考核的结果与资金资助的力度和智库的荣誉评级相挂钩,倒逼智库不断发展。二是上级党委和政府“要建立对下级党委和政府推进智库建设工作绩效的考核评价机制”①。党委和政府是中国特色新型智库建设最为重要的外部推进力量,很大程度上决定了智库建设的层次,对党委和政府开展专项考核具有特殊意义。上级党委和政府对下级党委和政府考核的重点要放在中央对省级党委和政府的考核上,以及省级党委和政府对市级党委和政府的考核上,考核内容聚焦于是否认真落实上级党委关于智库建设的决策部署、是否为本地区的智库建设创造了良好环境。三是完善第三方机构对智库业绩的评价体系。评价的重点要放在对智库型成果的考核上,着重关注智库在直接服务决策上形成的实物量和做出的实际贡献。要对智库开展综述性评价、对智库成果开展价值性评价、对智库主体开展认证性评价,还应开展智库的分类、分项评价,打造一个长短结合、立体扫描的评价矩阵,客观地体现智库的真实水准。

二、财务审计机制

公共权力部门对智库的各类资金进行审计监督是世界各国的通行做法。“在信息高度不对称的政策分析市场,如无相关监督机制,智库很可能因‘求钱若渴’而丧失独立性、客观性。”②中国的体制内智库占智库总数的比重约为95%,体制外的社会智库约为5%,体制内智库的日常运营经费主要靠国家的公共财政资金来保障,少量体制外的社会智库虽然经费相对独立,但也有不少公共财政资金的支持,比如入选国家首批高端智库的中国国际经济交流中心和中国(深圳)综合开发研究院,中央财政的专项经费每年高达1 000万元。

---

① 周湘智. 迎接智库研究的2.0时代[N]. 光明日报,2015-08-05(16).

② 朱旭峰. 中国智库建设10大关键词[N]. 光明日报,2015-02-04(16).

近年,随着政策公益文化的日益兴起,中国智库接受国内外各类主体资金捐赠的频率越来越高、捐赠的资金数量越来越多,构建我国智库的外部财务审计监督机制非常必要和重要。我国的智库财务外部审计监督主要聚焦于注入智库的各类资金来源是否合法,捐赠的动机是否得当,各类资金是否得到合法、科学、高效的使用,是否根据规定建立了公开透明的预算和经费信息公开公示制度,是否存在因受资金资助方诱导而做出有违客观性的研究等情形。同时,智库作为从事决策咨询研究的公益性机构,是否存在违规的营利性行为和内部分红,一些享受免税待遇的社会智库以及一些以公司注册对外以智库示人的机构是否存在过度商业化的问题,都应是财务审计监督着力关注的重点。

三、准入退出机制

智库组织机构新陈代谢是公共政策分析市场的基本规则。只有建立规范化的智库资格准入与退出机制,才能形成健康的智库生态体系,才能保持智库体系的生机活力。当前,我国尚未建立起这样一个净化机制,一些以营利为目的的商业机构,一些不具备咨政功能和咨政能力的行业学会、社会组织、平台机构,还有一些以学术研究为主业的纯学术机构,甚至一些冒牌的其他机构都纷纷披上智库的"马甲"来消费智库资源,看似繁荣热闹,实则"鱼龙混杂",给方兴未艾的智库建设增添了不和谐音符,带来了声誉隐患。要根据中央两办《关于加强中国特色新型智库建设的意见》中关于"智库是以战略问题和公共政策为主要研究对象、以服务党和政府科学民主依法决策为宗旨的非营利性研究咨询机构"①的定义和应具备的八条基本标准进行主体识别,"政府部门可以与行业协会和资助智库的基金会合作,建立基本的准入门槛、职业标准,以保证智库的研究能力和职业操守"②。要充分利用好现有各类智库评价体系的评价结果,结合日常考察进行进一步的评估,对达不到基本要求的伪智库和有严重违规行为的智库要果断实行退出并予以公告。对智库提供的政策建议也要探索针对性的问责机制,"一旦发现智库和决策主体及其他相关利益主体间存在共谋关系,出现决策失误、

① 中国记协网. 关于加强中国特色新型智库建设的意见[EB/OL]. (2015-01-21)[2017-01-15]. http://news.xinhuanet.com/zgjx/2015-01/21/c_133934292.htm.

② 朱旭峰. 中国智库建设10大关键词[N]. 光明日报,2015-02-04(16).

产生重大负面社会影响、造成重大损失,应该根据相关法律追究智库的连带责任”①。

四、包容环境机制

智库从事的是高端智慧活动,最需要自由宽松的环境,各级党委和政府要真心重视、用心培育,努力当好服务智库建设的“勤务员”,切实形成“党委统一领导、党委办公厅(室)和政府办公厅(室)协调指导,党委宣传部门牵头组织,有关部门积极参与的工作格局”②。要营造包容的政治环境,“积极倡导百家争鸣、百花齐放的学术氛围,鼓励智库在不违反宪法和法律的前提下,自由开展学术研究、交流学术成果、发表创新观点,防止将智库观点意识形态化,将智库批评政治化”③。宣传部门要发挥牵头作用,积极做好整体设计规划、协调整合资源、提供课题指南、促进转化运用等方面的工作;教育、科技、民政、社科联等智库管理部门要发挥好职能作用,根据责任分工和不同特点搞好管理服务,当好各类智库的“娘家”;新闻单位要加强智库建设和智库成果的宣传,努力为智库提高知名度、扩大影响力,提高社会公众对智库的认识。对于智库参与二轨外交,“应当转变‘外交无小事’的固有认识,营造宽松的政策环境,鼓励智库就各个‘小事’灵活进行国际交流,建立中国整个外事部门与各级智库之间的广泛联络、沟通机制”④。同时,党委政府要为智库市场主动创造和释放需求,建立与智库的常规沟通机制。要推动智库发展供需对接,“充分尊重智库及其学者的知识产权,定期反馈、大力宣传智库及其学者的贡献”⑤,从制度上切实保障智库的咨询决策知情权、重大决策介入权、重大政策评估权、智力资本报偿权。

---

① 朱旭峰. 中国智库建设10大关键词[N]. 光明日报,2015-02-04(16).

② 湖南人民政府. 关于加强湖南新型智库建设的实施意见[EB/OL]. (2015-07-30)[2017-01-15]. http://www.hunan.gov.cn/zw/hnyw/zwdt/201507/t20150730_1809928.html.

③ 陈永杰,张永军,姜春力,等. 八大措施促新型智库体系建设[N]. 经济参考报,2015-01-23(8).

④ ⑤王文. 伐谋:中国智库影响世界之道[M]. 北京:人民出版社,2016.

五、公平竞争机制

竞争带来繁荣。智库主要从事公共决策咨政研究,具有较强的公益属性,虽不能完全市场化,但适度竞争极为必要。通过一定程度的竞争,能够有效地激发智库活力,优化智库资源配置,促使智库不断改进内部管理、运作模式和胜任能力。当前我国智库间的竞争总体上还比较弱,党委和政府在智库资源分配中,定向支持、固定支持的手段使用较多,容易形成智库等、靠、要的风习。"要善于运用竞争的思维和方法培育智库市场,做好智库间适度竞争的机制安排,尽快实现课题项目、智库建设资金的公开申报、公开招投标。"①要进一步发展壮大社会智库,使体制外的社会智库成为获取智库发展红利的平等竞争者,成为撬动智库体系总体活力的有力杠杆。党委和政府要"按照竞争入选、动态管理、末位淘汰、以评促建的原则,确定重点支持的智库对象"②,实现各类智库平等竞争的机制化、制度化。对于优秀的智库以及有突出贡献的咨询专家要加大奖励力度,形成你追我赶、争先创优的浓厚氛围,有力推进中国新型智库茁壮成长。

六、统筹协调机制

当前智库建设还存在研究合力不足、人员合力不足、机构合力不足、研究内容碎片化等问题。智库的统筹协调机制旨在"做好整体规划,优化资源配置,避免重复建设,防止一哄而上和无序发展"③。在布局上,要实现重点智库与基础智库的协调发展,既突出重点智库建设又重视潜力智库与一般智库建设,形成重点智库担纲重任、潜力智库力争上游、一般智库基础支撑的良好结构。在类型上,要"统筹推进党政部门、社科院、党校、行政学院、高校、军队、科研院所、企业和社会智库的协调发展,形成定位明晰、特色鲜明、规模适度、布局合理的中国特色新型智库体系"④。在

① 周湘智. 在八个结合中推进中国特色新型智库建设[N]. 光明日报,2015-12-30(12).

② 湖南人民政府. 关于加强湖南新型智库建设的实施意见[EB/OL]. (2015-07-30)[2017-01-15]. http://www.hunan.gov.cn/zw/hnyw/zwdt/201507/t20150730_1809928.html.

③ ④ 中国记协网. 关于加强中国特色新型智库建设的意见[EB/OL]. (2015-01-21)[2017-01-16]. http://news.xinhuanet.com/zgjx/2015-01/21/c_133934292.htm.

层次上，要统筹推进国家智库与地方智库的协调发展，既要支持好服务国家决策的高位智库建设，也要支持好服务地方、服务基层的智库建设，既重视综合性智库建设，也高度重视专业型智库建设。在组织上，要善于打破部门、地区与专业分割，强化智库间交流合作，努力形成开放式智库组织结构。通过进行跨领域的合作研究，解决那些综合性、战略性、复杂性问题研究，防止智库建设中的“孤岛”现象。在内容上，要强化宏观调控，避免同样的问题在不同研究机构中重复研究，而其他一些重要的课题又没有人做。在资源上，要进一步落实政府信息公开制度，增强信息发布的权威性、时效性与透明度，要加强信息共享平台建设，加快建立大型数据库和联机检索系统，切实改变智库在信息收集上不对称、不及时、不全面的状况。

七、资金资助机制

一是各级政府要进一步增加智库的资金供应，“研究制定和落实支持智库发展的财政、金融政策，健全竞争性经费和稳定支持经费相协调的投入机制。根据不同类型智库的性质和特点，研究制定不同的支持办法。”①可探索设立智库发展基金，加大政府购买服务支持力度。二是要优化资金管理方式，以多出成果、快出成果、出好成果为目标，坚持以人为本、遵循规律、放管服务结合。要坚持统筹规划、分类管理、定额资助、注重实效的管理原则，充分体现质量创新和实际贡献。把对科研经费的管理从过程管理更多地转变为结果管理，赋予项目承担单位和项目负责人更大的管理权限，以充分调动科研人员的积极性和创造性。三是要落实公益捐赠制度，激活和鼓励企业、社会组织、个人捐赠资助智库建设。通过构建科学的资金资助机制，使高质量的成果和高端人才能够得到具有市场竞争力的智力回报，从而吸引最优秀的研究者为国家效力。

八、人才培养机制

当前我国智库人才队伍还存在能搞理论研究的多，能搞对策研究的少；书生意气的多，能接地气的少；学术专家多，智库管家少等不足。各级

---

① 中国记协网．关于加强中国特色新型智库建设的意见[EB/OL]．(2015-01-21)[2017-01-16]．http://news.xinhuanet.com/zgjx/2015-01/21/c_133934292.htm.

党委和政府要把人才队伍作为智库建设重点，制定专门的高端人才培养规划，“通过支持挂职锻炼、项目带培、国内外研修交流、跨学科调训以及文本写作培训等多种形式进行能力培养，打造一批决策咨询大家、政策传播名家、智库管理专家。”①要积极建设和扩大智库旋转门，推荐更多的智库专家学者到党政部门挂职、任职，安排更多的党政部门人员到智库挂职、任职，有力提升智库能力。要深化智库人才岗位聘用制度改革，支持高校智库等设立智库研究岗，鼓励智库以专题聘任、柔性引才等方式吸收部分离职官员、企业高管、外国专家等参与智库研究项目。要探索有利于调动智库人才积极性的多种分配方式，建立健全与岗位职责、工作业绩紧密挂钩、具有市场竞争力的薪酬制度。切实加强智库专家的职业伦理建设，“引导其牢固树立国家安全意识、信息安全意识、保密纪律意识，积极为党和政府决策贡献聪明才智。”②

第三节　特色新型智库建设亟须处理好四种关系③

推进中国特色新型智库建设，是推进中国改革发展和科学民主决策的客观需要。在“智库热”中推进特色新型智库建设，应该理性地思考一些具有内在张力的关系范畴和基本问题。中国社会科学院中国社会科学评价中心主任荆林波认为，特色新型智库建设要处理好基础研究与对策研究、科研考核与智库考核、练好内功与加强外宣、专业人才与复合型人才、立足中国与走向世界、智库建设与后勤保障等六对关系。作为中国特色新型智库体系的重要组成部分，高校智库的价值集中体现在政策研究、舆论引导、公共外交和咨政服务四个方面。笔者认为，高校智库建设，要科学处理好理论创新与政策研究、学科建设与思想传播、内部管理与外部营销、人才培养与咨政服务四大关系。

① 周湘智．智库建设急需高端人才[N]．光明日报，2015－02－04(7).

② 中国记协网．关于加强中国特色新型智库建设的意见[EB/OL]．(2015－01－21)[2017－01－16]．http://news.xinhuanet.com/zgjx/2015－01/21/c_133934292.htm.

③ 本节是在盛明科撰写的《高校智库建设亟须处理好四种关系》一文的基础上修改而成，原载《中国社会科学报》，2016年12月1日，第2版。

一、理论创新与政策研究的关系

当前高校智库建设水平参差不齐,主要原因在于高校原有的科研形式与内容过于学理化,重理论却轻应用,研究成果的实践指向性不强。推动高校智库向高端的特色新型智库转变,要在聚焦实践需要、服务社会发展上做文章。这就需要处理好理论创新与政策研究的关系,以理论创新为基础、政策研究为导向,坚持基础研究与应用研究并举,既保持高校智库的专业性、战略性、前瞻性,又着力回应国家发展的重大实际需求。

理论创新是政策研究的前提和支撑。高校智库相比其他智库而言,在基础研究领域具有得天独厚的优势,无论是科研人才、平台、设备的硬件提供,抑或是理论体系、研究方法的知识支撑,都能够为政策研究提供强大的学术资源支持。基于此,高校智库应借势发挥好理论创新功能,依托系统的学科理论框架,找准社会发展的内源性因素,为决策者提供实际转化率高的应用成果。与此同时,高校智库建设应更多地关注于回应现实需求,因而理论创新的作用着重彰显在保障政策建议的全面性、科学性和长效性上,既要保证理论研究的基础地位,又不能陷入纯粹理论研究的窠臼。

政策研究聚焦现实问题和社会急需,对理论创新具有导向性作用。根据马克思主义哲学的观点,理论创新的选题来源于实践、理论创新的目的服务于实践、理论创新的评价也取决于实践,进而只有当理论研究与经济社会转型以及现实热点问题相衔接时,才显示出理论知识强大的生命力。高校智库以参与政策、服务决策为目标,直接表现为其研究成果是否能成功地转化为公共政策。因此,高校特色新型智库建设必须摆脱理论研究比例过重的陈旧惯性,充分把握政策研究的导向功能,在追求学术积累的同时,更加侧重于实践指向,提高科研成果的实际应用率与社会效益,以提出具有针对性和可操作性的政策建议。

二、学科建设与思想传播的关系

高校的特色优势学科能为智库建设提供人才、知识和平台支撑,学科发展是高校智库建设的根本所在;而智库的影响力来源于学科建设过程中科研成果的宣介效果,这种思想传播带来的影响力是维系高校智库发展的强大力量。当前,学界与政策制定者之间的桥梁尚未搭建完备,如何依托学科建设平台来加大思想传播力度,是高校特色新型智库建设中亟待完善且不可或缺的关键环节。

以学科建设为基石,拓宽成果应用平台。传统学科建设的侧重点在于追求学术专著、期刊论文、研究报告等学术成果的产出量,但此类研究成果往往面临发行量少、传播范围小、影响力有限的困境。因此,高校特色新型智库必须积极转变学科建设理念,注重学科内涵式发展与成果的实际应用率。同时,要强化多元主体互动机制,在巩固和畅通原有研究成果呈报通道的基础上,加强高校智库与政府、企业及其他社会组织的交流合作,优化人员、项目和资源间的联动机制。成果应用平台的拓宽更有赖于研究成果发布载体的创新,要以专题报告会、学术论坛、深度访谈等形式及时向社会发布研究动态,提升高校智库的品牌知名度。

重视媒体的宣介功能,强化智库舆论引导。大众媒体凭借其强大的宣介功能,为高校智库的思想理念"造势",传播智库的学科品牌思想。将智库的学科理论成果转化为易被公众接受的通俗形式,来获取公众更广泛而深刻的认同,形成强大的舆论影响力。大众媒体的宣介优势还体现在传播的时效性上。智库思想能否形成有效的咨政能力,既与智库的学科研究能力息息相关,也取决于其学科成果能否在短时间内为更多受众所理解和接受,而大众媒体正是实现这一需求的最佳选择。

三、内部管理与外部营销的关系

高校智库内部合理的人员构成、规范的机制建设、完善的体系架构,是形成优质高产智库成果的重要保证,是高校智库核心竞争力的基本依托;而积极有效的外部互动网络的构建、公共外交关系的推进、国际话语权的把握,是打造高校智库知名度与公信力的前瞻性举措与战略性要求。因此,高校特色新型智库建设应以优化内部治理结构体系为基础,同时营造良好的外部合作伙伴关系,推进思想成果的外部营销,建立内外联动的协同机制。

按照智库的机构特征,高校智库可分为实体智库和虚体智库两类。除少数运作成熟、成果突出的实体智库外,我国高校智库多为挂靠于二级学院、没有固定人员和经费、缺乏独立自主性的虚体智库。因此,高校智库内部管理体制的改善应主要围绕减小依附性、增强自主性来展开。要明确界定行政人员与研究人员的职责，聘请专职研究人员从事智库项目研究，安排合理数量的行政人员从事日常管理工作。要实现财务自主管理，经费单独预算，智库机构可独立承接社会项目，接受社会赞助与募捐。要革新绩效评价标准，摒弃传统科研重学术成果数量的评价导向，转而重视成果的实际转化率，采用重质量与贡献的评估导向。

目前，我国的高校智库多为专业型智库，缺乏综合研究能力，面对日渐增多的宏观性、战略性问题，智库研究的交叉发展态势与智库内部学科孤岛化现状间的矛盾将日趋激化，这对高校智库建设的外部拓展提出了更高要求。要强化高校之间与高校内部的合作，立足多学科、宽平台来整合资源，形成全局性、综合性分析视野，构建深度融合的跨学科协作机制。要主动寻求与官方智库、民间智库的深化合作，或与实际工作部门组建研究团队，以最大限度地实现资源共享、优势互补。要以开放的姿态与国际知名智库接轨，积极推动交流互鉴，提高参与国际事务的能力，在深度参与国际对话中提升话语权。

四、人才培养与咨政服务的关系

人才培养和咨政服务是中国特色新型高校智库的两大重要功能。人才为高校智库发展提供了丰富的智力资源；而咨政服务作为智库价值传递的基本形式，为服务国家重大需求提供决策咨询。高校特色新型智库建设需要做到育人与咨政相统一，既在人才培养过程中坚持服务导向，又在咨政服务过程中倡导人本原则。

坚持人才培养的服务导向。高校智库的特性决定了其培养的人才更具战略思维、更有宏观视野、更出真知灼见。具体而言，高校智库人才培养要突显三大特色：第一，培养服务型科研人才。与普通高校培养目标不同，高校智库着重培养的是基础理论功底扎实并对社会实践发展具有高度敏锐性的智库型人才。第二，将研究成果融入日常教学。青年师生是智库人才储备的巨大资源库，凭借高校教学平台，将智库最新研究成果运用到教学中，使青年师生看到真问题、学到真方法。第三，实行互动联合培养模式。搭建并畅通研究人员在不同单位间的流动渠道，促进人才综合素养和实践意识的提升。

坚持咨政服务的人本原则。一是树立以人为本的咨政服务理念。人力资源是最核心的资源,知识、方法、成果的创新都依赖于创新人才的培养,坚持人本理念是打造新型智库生力军的重要保障。二是培育以人为本的咨政服务环境。要建立公平阳光的研究环境,在资深专家与青年学者的梯级构成、热门项目与冷门研究的成果认定、绩效考核和资源分配之间找准一个合理的平衡点,重视青年研究者的培养并关注他们的发展空间。三是构建以人为本的智库管理制度。制度的设立要尊重组织发展和人才成长的客观规律,注重弹性与科学性的有机协调,处理好咨政服务前瞻性与现实性、应急性和战略性的关系。

第三章
中国特色新型智库建设评价体系的构建

第一节　中国特色新型智库评价的分类原则[①]

评价是保障智库有效产出和健康发展的关键。智库评价能发现智库建设存在的问题，催生新型智库的行业自觉，促成智库从传统研究机构向现代新型智库的角色转换，是传导国家需求和社会压力、合理配置外部资源、营造良好智库生态的重要杠杆。不同智库类型因其发展模式和内在机制的差异，其评价机制和方式也不尽相同。反思当前中国智库发展进入快车道后的诸多困境不难发现：之所以智库建设一哄而上、缺乏特色，同质化、形式化与标签化的现象严重，一定程度上反映出当前智库建设缺乏分类的评价体系和标准。依据“同类事物可比，不同类事物不存在可比性的原则”实施新型智库评价，是提升评价公平性、科学性、规范性的关键。

一、分类评价的现实逻辑

当前，中国已经形成庞大的智库体系。据美国宾夕法尼亚大学“智库

---

① 本节是在盛明科撰写的《智库评价应体现科学分类要求》一文的基础上修改而成，原载《中国社会科学报》，2016 年 9 月 8 日，第 2 版。

与公民社会项目”发布的《全球智库报告 2015》显示，截至 2015 年底，全球共有智库 6 846 家，其中中国拥有 435 家，为世界第二智库大国。包括中国社会科学院、中国国际问题研究院、中国现代国际关系研究院、国务院发展研究中心在内的 9 家中国智库入选全球智库 150 强。当前中国智库发展迅速，数量众多，质量不一，类型各异。对这些智库进行评价，不能采用同一评价标准和指标体系，不能搞“一刀切”。首先，智库战略与目标定位各具差异，社科院、高校、研究所、党校和行政学院、党委和政府研究机构、民间智库等均有自己的战略目标与定位，如果采取同一套评价体系，则会导致各种类型的智库发展目标定位趋同、特色不明，不利于智库向多样化发展。其次，不同的智库类型拥有不同的服务对象、转化机制和成果消费模式。智库不同的服务对象相应需要不同的评价机制，有的需要市场化评价机制，有的则需要政府主导的行政评价，还有的需要独立的第三方专门评价。不同智库的成果类型、转化形态、影响形式等有较大的差异，因而其评价尺度、标准、周期乃至数据采集等机制均不一样。再次，作为非营利组织的一种类型，智库具有非营利组织的基本特征，而作为商业化的组织实体，智库又具有营利组织的运营形态，因而智库不同程度地存在营销等商业化行为。在智力市场化激烈竞争背景下，智库常常与媒体合作向大众推广或宣传其自身的政策研究和影响力。因此智库评价也依据智库市场化程度的差异，选择不同的指标及其权重消除智库营销的影响，提高评价结果的信度和效度。总之，建立健全新型智库评价体系，必须依据新型智库的发展战略、建设目标、服务对象与功能定位，坚持分类指导、分类评价的原则，构建科学而富有针对性的评价指标与方法，充分尊重各类智库本身的独特优势与特色，促进不同类别智库的竞合发展与和谐共存。

二、构建分类导向的评价体系

导向就是方向标和指挥棒。不同的智库类型应有不同的评价导向。对于学术思想类智库，评价应该侧重学术成果积累和学术成果创新的考量，强调智库成果的宏观性与纵深性，其成果的呈现方式往往也都是理论型、纯学术型为主，因而短期内无法显现其社会效益和影响；对于应用和政策性智库，评价则要更关注成果转化率以及成果转化效益的考核，成果评价导向往往必须注重时效性与功能性，对现实需要和问题及时予以回应，其成果见效快、影响力相对较为凸显。因此，新型智库的科学分类评价要充分考虑到这两种不同导向的现实特质。通过不同的评价方式与标准，为实现不同成果类型间的科学、准确考核，提供有效保障。

不同智库类型的研究目的及其服务对象都是不相同的，多元用户主体对于智库的不同需求将为新型智库评价指引方向。因而必须探索以行业评价、官方评价、学术评价和社会评价等多元分类的评估模式。公共政策的研究与分析，受市场不规范、信息不对称等因素影响，决策方难以辨别智库咨询服务的信度和效度。行业评价不仅能够对政策建议的科学性、实效性作出准确判断，还能充分保障决策过程中的民主性。社会评价能够凝聚社会各阶层的智慧，以其参与的广泛性与舆论的影响力，通过新闻媒体的宣介作用，促进评估信息的公开与透明，对智库的职业道德、业务水平以及社会责任发挥有力的公共监督作用。复合评价意在探索立体化的多方评价模式，在智库评价过程中引入第三方乃至多方评价主体。

针对不同类别的智库，要构建多样化的评价指标体系。要依据智库类型设计不同评价模块。现行智库评价指标体系的一个突出问题就是指标太过笼统，很难照顾到不同智库类型的独特性。可以依据智库类型设计不同的评价指标模块，如职业声誉、社会效益、咨政服务、自身建设等模块。职业能力模块，应用性研究评价指标注重承接项目数、政策建议、咨询服务等量化指标的设计，而基础性研究的评价则倾向于学术性与延时性，围绕人才培养、理论研究和社会服务等定性方面设计指标。社会效益指标主要关注智库的社会效益与社会影响，以及成果转化率和社会反响等。咨政服务指标侧重对智力分析市场的完善与规范、咨政服务的渠道和平台建设作出评价，自身建设主要评估自身专家和团队建设等情况。模块式评价指标体系条理清晰，可以提高智库评价的针对性、可操作性和规范性，易于进行横向的比较。

三、健全有针对性的评价机制与方法

选择科学合理的评价机制，是确保智库评价的科学性、客观性、准确性的前提。针对当前智库评价专门机构不健全、评价机制动能不足、评价方法针对性不强的问题，必须依据智库分类指导原则选择和搭建合理的评价机制。科学的评价机制能在智库间及智库内部形成良性竞合关系格局。必须以各具特色的指标体系为指挥棒,探索分类管理基础上的智库业绩考核评价机制,强化智库评价反馈功能的针对性与准确性,激发智库发展的积极性与主动性。专业化的评价机构建设也应当是评价机制建设中不可或缺的一环。当前我国智库第三方评价机构发展滞后,对于智库评价鲜有专门机构涉及,类似的机构有高校成立的智库评价中心、专门研究机构成立的知识评价组织、科技部软科学项目的统计调查,这些主体仅仅开展对智库机构的承担课题、发表论文、研究力量、国际交流等进行统计,没有系统地对智库影响力或竞争力进行评价。要建设一个专业化、专门化的智库评价机构,切实提升成果应用转化效果和测评能力,以及政策的熟悉程度。最后要完善以成果为核心的多元评价方法,需要从评价程序、评价内容、评价制度等方面着手,妥善处理好智库成果认定中定性与定量、即时与延时、质量与数量、主观与客观等相互关系,针对不同的智库类型对不同的评价维度赋予相应的权重。

第二节　中国特色新型智库评价体系的构成要素①

中共中央办公厅、国务院办公厅印发的《关于加强中国特色新型智库建设的意见》(以下简称《意见》),就中国特色新型智库建设的意义、原则、格局、管理体制改革以及制度保障体系等作出规定。提升智库建设质量、建好中国特色新型智库,尽可能避免“智库热”演变为“智库燥”,应明确智库机构标准、智库人才标准和政府采取智库成果的要求,着力构建三种评价体系。

一、政府采纳成果评价体系

对策性、应用性和实用性是智库研究成果的本质属性。与学术研究成果不同的是,智库研究成果具有较强的适用性。智库成果不能搞自说

① 本节是在黄海、何绍辉撰写的《构建全面的智库评价体系》一文的基础上修改而成,原载《中国社会科学报》,2016 年 4 月 19 日,第 4 版。

自话、自圆其说，而要注重对接实践与决策。考量一项智库研究成果的价值和意义，当以成果进入决策、影响实践和引领舆论为标准。因此，能否被政府决策采纳以及政府决策采纳程度如何，从很大程度上决定了智库研究成果的生命力，也客观地判定了某一特定研究成果是否称得上是智库研究成果。

然而，在政府与智库的实际互动中，由于对政府部门采纳智库研究成果缺乏有约束力的评价指标体系，往往出现如此悖论：一边是智库研究硕果累累，一边却是政府决策缺乏科学根据，决策失误现象偶有发生。是否愿意采纳以及采纳多少智库研究成果，整体上还是政府自己说了算。在实际工作中，一些智库研究机构常常主动甚至是费尽心思去贴近政府决策，但当前某些地方政府还是缺少对接智库研究的积极性、主动性和创造性，科学决策意识亟待增强。建设中国特色新型智库，发挥智库在政府决策中的积极作用，亟须构建政府采纳智库成果评价体系。正如《意见》指出，要"建立政府购买决策咨询服务制度。探索建立政府主导、社会力量参与的决策咨询服务供给体系……研究制定政府向智库购买决策咨询服务的指导意见……凡属智库提供的咨询报告、政策方案、规划设计、调研数据等，均可纳入政府采购范围和政府购买服务指导性目录。建立按需购买、以事定费、公开择优、合同管理的购买机制"。要把政府采纳智库研究成果，作为"硬指标"纳入政府绩效考核范围。政府采纳智库研究成果评价指标体系，可以从决策前的听取智库建议、决策中的考量智库论证和决策后的采纳智库评价入手，建立健全政府采纳智库研究成果评价体系。建立政府采纳智库研究成果评价指标体系，可以就是否设置与智库沟通的经常性渠道，是否建立智库成果购买机制，是否将智库提供的咨询报告、政策方案、规划设计、调研数据等纳入政府购买指导性目录等建立考评指标。

二、智库研究机构评价体系

随着人们对智库地位和作用的认识不断上升，越来越多的研究机构加入到智库建设中来。努力建设成为党和国家合格的思想库、智囊团成为众多研究机构的奋斗目标。那么，如何评价一个研究机构是否是智库？如何才能成为一个合格或优秀的智库？对智库研究机构的优劣与影响力又应如何进行科学评价？这是中国特色新型智库建设所需面对和解决的首要问题。

生产思想、提供设计方案，是智库研究工作的主要内容。对智库研究机构的评价，基本要素上主要看三个方面：一是智库硬件建设，如固定的办公设施、科学的数据库、丰富的图书资料、现代的信息网络等设施设备；二是智库软件建设，如政府和社会评价、研究成果的社会影响、人才队伍建设以及管理体制机制等；三是智库影响力，如智库成果进入决策的比例，智库的专业影响、综合影响和社会影响力，智库成果影响社会发展的程度以及智库成果的社会反响等。评价主体上，应借鉴国外智库评价模式、考量中国基本国情，以政府为主导，充分发挥社会组织、同行、专家和市场等"第三方"力量的作用。评价方法上，既要建立分类评价法，从综合影响力、系统影响力和专业影响力等诸多方面进行分类评价，更要坚持定量评价与定性评价相结合，注重考量智库机构成果在影响政府决策、引导社会舆论等方面的作用，智库人才的培养、流动与激励机制，智库在业内专家、政府官员和社会民众中的口碑和影响，等等。

三、智库研究人员评价体系

智库研究是智库研究人员运用特定的研究方法，针对国家经济社会发展中的重大理论和现实问题进行的有针对性的研究活动。在实际工作中，智库研究人员与学术研究人员往往混在一起，难以截然区分。智库研究人员的研究活动，往往围绕职称评审、奖励评优、晋职晋级等展开。以职称评审为例，研究人员为了达到职称评审条件，考虑的多是如何获得领导批示，而对研究成果真正产生了多少实际效果，研究成果有无思想性、战略性和科学性等因素往往考虑不多。究其原因，智库研究人员评价体系的缺失是主因。

对智库研究人员的评价，可以从智库研究人员所提供的产品，如研究报告、政策建议、方案设计、数据资料等被政府采纳的程度，从智库研究人员所开展的宣传教育对社会舆论的引导和影响的程度，从智库研究人员所提供的成果被同行专家所认可的程度，从智库研究人员在所在领域的专业影响和社会影响力等角度进行评价，以此作为智库人才评奖评优、职称评审、晋级加薪和岗位聘用等的重要依据。对智库研究人员的评价，切不可功利化，要建立年度考核与聘期考核相结合、行政考核与专业考核相结合、量化考核与质性考核相结合的体制机制，建立起一套有助于智库研究人员能上能下、能进能退、奖惩结合的评价体系。

第三节　构建特色新型智库三维评价体系①

特色新型智库发展需要科学的评价体系支撑。高校科研院所由于具备专业研究、学科齐全、知识创新、人才汇聚等优势，承担着特殊的科学发展使命。不同类型智库在发展模式和内在机制等方面存在着诸多显著差异，与此相应，在评价机制和方式上，高校智库亦有别于其他类型智库。那么，对此类智库的适应性评价，也有其独特之处。一方面，高校智库建设要以破解差异化内涵、同质化评价这一难题为目标指向，实施科学的分类评价体系。另一方面，在建设中国特色新型智库的热潮下，面对质量不一、类型各异的智库机构，各方评价主体难以避免陷入众口难调的形式化评价窠臼，解决这一问题的关键在于坚持实效评价，推动高校智库的内涵式发展。诚然，将智库的评价权利交由内部或第三方评价机构，都不足以正确评判智库的影响力，更不能破除主观性、内视化等问题。与高校智库联系最紧密的应是其服务对象，只有获得这一群体的高度认同与关注，才能实现其价值合理性，在此意义上也要坚持用户评价原则。概言之，只有系统整合分类评价、实效评价、用户评价的合力作用，才能促使高校智库更好地为国家治理现代化建设提供智力支撑。

一、分类评价解决评价的差异性

高校智库、官方智库以及民间智库均有各自的战略定位、服务对象与成果转化机制，并且在这些方面存在着较大的差异。同理，对不同类型智库的评价标度、评价周期以及评价数据采集等机制也不尽相同。倘若采取相同的评价体系，而忽视其内在与外部的差异性，不仅不利于智库的多

① 本节是在盛明科、蔡振华撰写的《建构高校智库三维评价体系》一文的基础上修改而成，原载《中国社会科学报》，2017年4月1日，第2版。

样式发展，而且对部分智库来说，这在某种意义上是不公正且缺乏合理性的。依据新型智库的发展战略、建设目标与功能定位，构建科学而富有针对性的分类评价机制与方法，在一定程度上既能最大限度地激发智库的创造性与积极性，也能促进各类智库的系统融合发展，进而推动中国特色新型智库建设的整体进程。

不同类型的智库应有不同的评价导向、评价圭臬以及评价维度。就高校智库而言，其评价应侧重于对理论研究成果创新的考量，强调其产品的宏观性、纵深性与前瞻性，因为短期内无法显现其成果的社会效益和影响；而对其他类型智库来说，则更关注成果转化率以及成果转化效益的考核。在充分考虑这两种不同导向的基础之上，要构建多样化的评价指标。"多样化"并不是笼统地设计冗杂的智库评价标准，而是为了观照不同类型智库的独特优势。譬如，高校智库本身侧重于基础研究的理论性、延续性与原创性，在人才培养、科学研究等方面发挥着其他智库不可替代的作用。然而，其在成果转化率与贡献率、社会影响力、咨政服务渠道等方面，却显然处于较弱的地位。据此，也不能将高校智库与其他类型智库的评价混为一谈。与此同时，分类评价更体现在不能将智库机构与其上级领导机构合而为一地展开评价。以高等院校为例，要将高校所辖智库合理区分并单列出来进行评价，在此过程中，不能有其他任何附加条件，更不能把对高校智库的评价置换为对高校的评价。要而言之，既要探索在分类管理基础上的智库评价机制，强化智库评价反馈功能的针对性与准确性，也要完善以成果为核心的多元评价方法，从评价程序、评价内容、评价制度等方面着手，依据不同的智库类型对不同的评价维度赋予相应的权重。

二、实效评价解决评价的精准度

在建设中国特色新型智库的过程中，诸多不确定性与复杂性兼具的问题与矛盾层出不穷，而诊断这些问题的关键在于坚持实质评价，尽可能地去除智库评价形式化的诟病。相较于其他类型智库，实效评价在高校智库层面的适用性尤为明显。在智库评价方法上，不能简单机械地进行形式评价，而是要透过模糊的现象把握实质内涵与实效，即智库成果实际作用与影响等，以提升高校智库评价的精准度。在宏观政策情境下，任何智库的最终目标指向都是服务并影响公共政策决策，智库能否发挥其咨政作用，从长远来看是与评价机制的运行情况息息相关的，如果大而化之地实施形式评价工程，其通过影响公共政策所带来的危害性是可想而知的。这样看来，将实效评价纳入到高校智库评价体系当中，对智库建设与政策创新都具有极其重要的意义。

智库评价是保证智库有效产出的重要工具，而科学合理的智库评价指标体系又是其中的重要组成部分。目前，形态各异的智库评价标准俨然已成为智库建设的"指挥棒"，众多智库围绕智库排名而极力向评价标准靠拢。但是从工具理性与价值理性的区别角度来考究，智库标准的泛滥不一定代表智库内涵的提升。对高校智库的实效评价，旨在修正这种畸形现象带来的偏误性问题。毫无疑问，高校智库的影响力在一定程度上来自于其特色优势学科的实力。实际上，当下对这类智库的评价仅仅是考虑其学术专著、期刊论文、研究报告等学术成果的产出量以及实际转化率。这既不能回避此类研究成果面临着发行量少、影响范围有限、实际转化周期长的困境，也无法准确评估其产出的质量及效益。要想实现这种模糊式评价的转型，既要搭建成果转化平台以及拓宽实际转化渠道，又要在此基础上侧重于智库成果综合影响力，将高校智库评价注意力由产出规模转向产出质量，注重成果的内涵式评价，进而有效地助推高校智库的持续健康发展，更好地服务于公共政策事务。

三、用户评价解决评价的开放性

智库作为一种服务于社会公共事务的组织实体，具有公共性和社会性等基本价值属性。因此，对其评价也并非是隔离性或封闭性的，而是一种开放式评价。换言之，不能纯粹由内部管理机构或业内同行展开智库评价，而是应将评价权利交由智库产品的消费者。就本质而言，智库产品的生产者与消费者之间存在一种契约关系，这种契约规定智库评价主体理应是智库用户，而不是其他任何外部的相关行动主体。进一步来看，智库评价实质上是智库绩效评价，而对智库绩效感受力最强且最有发言权的是智库用户主体。当前，国家现代化建设促使高校智库向系统化、科学化与融合化方向发展。这不仅要求高校智库突破内生制约发展瓶颈，而且要从直接服务对象着手进行评价。

毋庸置疑，用户评价的目的在于提升智库产品消费群体的满意度与获得感。智库评价由各类因子与复杂流程构成。以往，智库评价通行的做法是建立智库普查数据体系，将智库机构涵盖的相关内容通过客观数据来予以量化，然后由不同职业群体参与到相关评价环节当中，最终运用特定的评价规则得出评价结果。但是，智库消费用户不仅在评价群体中所占比例较小，而且在其中发挥的作用十分有限。而智库用户评价着重强调智库产品消费者在智库评价中的关键作用与核心地位。它既能在宏观层面上把握智库成果的评估度与反馈度，并根据社会公众与经济社会发展实际需求做出相应地修改，又能在微观层面上更多地获得用户群体的信任与再合作。况且用户评价不仅局限于智库成果消费方面，而且在智库团队计划、组织、协调与监督等具体行为过程方面进行评价也起到较为客观的理想的作用。用户评价作为高校智库评价体系中的重要环节，关键在于如何让智库产品消费者参与评价，以及怎样保障评价的客观性、科学性与有效性，从而切实解决智库评价的开放性问题，促使高校智库评价体系更好地服务于消费者。高校智库可设置专门的“用户数据库”，通过大数据、云计算等方式收集与分析智库产品消费者的必要信息、消费评价与建议等，并构建系统完善的智库评价管理制度，充分发挥先进科技与规范制度的双重效应，以此保障消费群体能直接参与到智库评价当中。

第四节　构建科学合理的智库评价机制①

目前，中国特色新型智库建设进入了新的发展时代，到达了新的战略高度。不过“智库建设跟不上、不适应的问题也越来越突出”“有的智库研究存在重数量、轻质量问题，有的存在重形式传播、轻内容创新问题，还有的流于搭台子、请名人、办论坛等形式主义的做法”等。因此，为引导和推动智库建设健康发展，更好地发挥智库的作用，引领新型智库的战略性发展，建立具有中国特色话语体系的科学的、合理的和有效的智库评价机

① 本节是在郑代良撰写的《构建合理评价机制　推动智库稳健发展》一文的基础上修改而成，原载《中国社会科学报》，2016年12月15日，第2版。

制以及评价指标体系显得尤其迫切与重要。

一、准确理解特色新型核心要义

建立中国特色新型智库评价机制首先要解决几个问题，即目标问题（“特色”“新型”是什么）、标准问题（智库怎么建设）、方式方法问题（智库如何建设）、效果问题（智库建得怎么样），等等。中国特色新型智库绝不能像西方智库所标榜的“通常独立于政府或政党”，应在“特色”“功能”“成果”“应用”“人才”“评价”等方面下功夫、做文章，发出“中国声音”，讲好“中国故事”。

“特色”，是指要坚持中国共产党的领导、坚持社会主义制度，这是中国智库建设与发展的最大特色，也是最大的政治；离开了这个“中国特色”，智库就会迷失方向。“功能”，是指智库要为党和政府科学依法决策提供智力支撑，在国际舞台上提出“中国主张”，为实现“中国梦”开出“良方”，为社会经济文化跨越发展与有序治理提供“钥匙”。“成果”，是指智库研究要有精品力作，多出哲学社会科学创新发展的理论成果，多出回答经济社会发展重大现实问题的应用对策成果，以重大现实问题为主攻方向，强化创新思维和问题导向。“应用”，是指畅通智库研究成果应用渠道，既要解决“最先一公里”问题（智库研究要有基础理论创新意识，要关注社会热点与现实问题，主动走出“象牙塔”），又要解决“最后一公里”问题（党委、政府和有关部门要主动打开需求“闸门”，接上智库“活水”）。“人才”，是智库立身之本，应实施高端人才培养规划，把智库建设成为吸引一流人才的洼地、用好一流人才的高地和培养一流人才的基地。“评价”，就是要加强对智库的评价激励，按照“竞争入选、动态管理、分类考核、以评促建”的原则，以研究成果的实践应用率、研究活动的社会影响力和研究团队的核心竞争力等为重要评价标准，建立对智库特别是高端智库的考核评价机制，引导智库良性健康发展。

二、科学把握评价的机制要件

评价，是人把握客体对人的意义和价值的一种观念性活动。任何评价都应是一种全方位的全过程的系统评价，而不仅仅是事后评价和事中评价。评价按时序可以划分为前置评价、中置评价和后置评价三个阶段。

“机制”的英文是“Mechanism”,最早源于希腊文,原指机器的构造和动作原理,如果从系统论的角度来解释,机制就是要素之间相互作用、相互联系和相互制约构成的系统及其运行原理。按照《辞海》的解释,“机制”是实现某种功能的内在工作方式,包括其组成部分的相互关系,以及其间发生的各种性质变化的过程和相互联系。故评价机制,就是评价主体为实现评价客体的一定功能,构建的各评价要素及其持续联动的运行系统和动态化、科学化的发展体系。

新型智库评价机制,是为实现智库在咨政建言、理论创新、舆论引导、社会服务、公共外交等方面的重要功能,构建的各评价要素及其持续联动的运行系统和动态化、科学化的发展体系。评价要素包括对智库评价的主体要素、标准要素、指标要素、方法要素、程序要素及结果要素,这些要素相互联系与促进,形成运行系统和动态化、科学化的发展体系。

新型智库评价机制主要包括三个过程:前置评价、中置评价和后置评价。这三者相辅相成,缺一不可。前置评价的目的是实现功能匹配,主要包括确定评价原则、对智库进行分类和功能测评等;中置评价主要体现为绩效评价,包括评价主体(强化第三方评价、多元评价主体)、评价标准(包括智库成果创新性质量性、智库社会影响力和智库团队竞争力等)、评价指标体系(冰山模型)、评价方法(定性分析与定量评价、专家同行评价与第三方评估等相结合)、评价程序(程序公正、透明公开等)、评价制度(专家遴选、信息公开制度等);后置评价的宗旨是为了智库评价结果的运用,主要包括评价结果反馈、评价激励和绩效改进等。通过上述三个过程实现对智库的闭环评价,以促进智库建设与发展的良性循环。

三、建立健全评价机制

新型智库评价机制的核心就是评价指标体系。目前美国宾夕法尼亚大学智库与公民社会项目中国社会科学评价中心、上海社会科学院智库评价中心等国内外知名智库评价机构都建构了自己的智库评价标准和评价指标体系。众所周知,任何事物的评价都很难穷尽所有要素指标,因此,新型智库评价指标体系构建应遵循的原则为:精简可行性、动态开放性、成果质量性、问题客观性、定性定量结合性和国内国际结合性等。在此原则基础上,可以考虑构建具有中国特色的新型智库评价指标体系——“冰山模型”,如下图 3.1 所示。

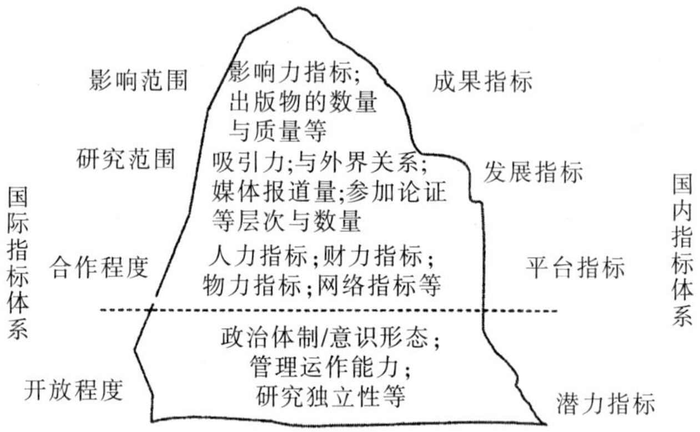

图 3.1 中国特色新型智库评价指标“冰山模型”

冰山模型下的新型智库评价体系主要包括 5 个一级指标,即潜力指标、平台指标、发展指标、成果指标和国际指标。潜力指标下有 3 个二级指标(政治体制/意识形态、管理运作能力和研究独立性)和 6 个三级指标。平台指标下有 4 个二级指标(人力指标、财力指标、物力指标和网络指标)和 7 个三级指标,即智库研究人员的数量和质量;智库专家到政府部门中的任职比例以及智库人员曾在政府部门任职的人员比例(“旋转门”机制);智库研究经费的投入;智库网站建设,包括智库专家拥有博客、微博和微信等自媒体的数量;网站点击率;智库所在的城市和智库拥有的出版刊物。发展指标包括 4 个二级指标(吸引力、与外界的关系、媒体报道量和参加论证或听证的层次与数量等)和 6 个三级指标,即招募并留住精英研究员的环境与能力;能否接触和联络包括政府官员、公民社会、新闻媒体和学术界在内的关键受体和个体;智库成员被邀参加论坛或会议的层次或人数,以及受邀给决策者授课的层次或数量;吸引捐助者的能力或筹资能力;智库成员与社会组织和社会公民互动的层次方式;研究成果开放获取程度和网站内容更新频率。

成果指标包括 2 个二级指标(影响力指标、研究成果的数量与质量)和 5 个三级指标,即呈送政策建议被政府决策者和社会组织阅转、采纳等情况;举办重大论坛的层次或数量;出版物质量、层次及被引情况;智库专家接受媒体采访、报道或在媒体上发表成果的频率;智库承担决策部门或社会组织委托项目的数量及层次。国际指标包括 3 个二级指标（开放程度、合作程度和研究范围）和 5 个三级指标，即研究团队的国籍、国别比例；与国际合作的项目层次与数量；研究领域的国际化程度；智库在国外设立分支机构数量；智库网站或研究成果的国际化程度（包括语言版本和项目等）。

总之，构建具有中国特色话语体系的科学、合理、有效的智库评价机制，就是确保智库在坚持研究无禁区、宣传有纪律的前提下的各项活动符合党的路线方针政策，遵守国家法律法规，以创新与质量为导向，优化资源配置，避免重复建设，防止一哄而上和无序发展，促进中国特色新型智库健康有序和高端发展。

第五节　中国智库网络影响力实证评价①

随着智库在公共决策中扮演着越来越重要的角色，智库研究也越来越受到社会的广泛关注。科学客观的智库影响力评估可以准确了解智库动态，便于智库管理。美国宾夕法尼亚大学“智库与公民社会研究（TTC-SP）”项目发布的历年全球智库报告和中国上海社会科学院智库研究中心发布的中国智库报告，都按照一定评价模型对智库影响力进行评估。在互联网环境下，网络传播突破了时空限制，互联网成为了智库影响力辐射的重要渠道。智库的网络影响力在很大程度上影响着智库的发展和定位、智库观点和思想的传播。因此，智库的网络影响力是智库影响力评估的重要组成部分，也是智库建设成果的重要体现。值得注意的是，目前国内的研究主要是从智库网站出发构建相应评价指标，从而对智库网站影

① 本节是在杨思洛、冯雅撰写的《中国智库网络影响力分系统对比评价研究》一文的基础上修改而成，原载《重庆大学学报》，2017 年第 2 期，第 68—77 页。

响力进行评价研究,并没有全方位评价智库网络影响力。① 但是网站影响力仅仅只是网络影响力的一个方面,并不完全等同于网络影响力。随着新媒体的发展,智库网站不再是智库向全网宣传的唯一端口,微信、微博等新媒体逐渐在智库网络传播中占据一席之位。因此,基于以上理念和已有的研究成果,我们从智库网络影响力产生渠道出发,重新构建智库网络影响力评价指标体系,并对国内智库进行评价,发现存在的问题,并提出相应建议。

一、影响力评价指标体系

网络影响力就是在网络环境中或通过互联网改变他人思想和行动的能力,一般通过利用和效用来产生作用②。智库网络影响力是智库在互联网上通过各类传播渠道辐射自身能力的综合体现。可将智库网络影响力的传播渠道分为三种,即自有平台、合作平台和第三方平台。自有平台上的网络影响力,即智库网站影响力,直接反映智库自身的网络影响力建设成果;合作平台上的影响力,是指智库与其他互联网单位或企业合作,智库利用网络平台发布智库信息,从而在互联网上产生的影响力,如智库新媒体的影响力;第三方平台上的网络影响力,是指智库没有直接参与信息发布的网络平台,其网络影响力主要体现在各类智库信息的网络传播上,如搜索引擎的搜索显示度、各类新闻媒体对智库的新闻曝光率等。自有平台与合作平台是智库主动发布智库信息,与用户沟通互动的重要渠道,而第三方平台则是智库信息呈现,用户获取智库信息的渠道之一。在

---

① 近年来,黄开木等(2014)基于链接分析法对中美智库网站进行了对比研究。陈媛媛、李刚(2016)从网站规模、网站入链、网站出链、网站内链、网站总链、网络总链影响因子、网络使用影响因究子、网络入链影响因子和网站显示度等九项指标来构建智库网站评价指标体系,并对国内智库进行评价。邱均平、刘宁(2016)从内容丰富度(总网页数)、网络影响力(被链接数、PR值)、信息传播力(传播渠道数、公众参与率、多语言设置)、成果公开度(文档连接数)、使用率(地区流量、平均浏览页面、蹦失率)等方面对全球顶级智库网。浙江工业大学全球智库研究中心课题组从智库机构网络关注度(智库机构网络搜索频站进行评价分析度指标、智库核心专家网络搜索频度指标、智库机构新闻指标)、智库机构网站建设状况(网站规模、网络影响因子、网站链接)来评价浙江省高校智库网络活跃度。

② 刘伟,段宇锋. 基于网络影响力的电子政务建设绩效评价[J]. 情报科学,2006(11):1704-1708.

三者共同作用下形成智库网络影响力,影响力分析框架如下图3.2所示。

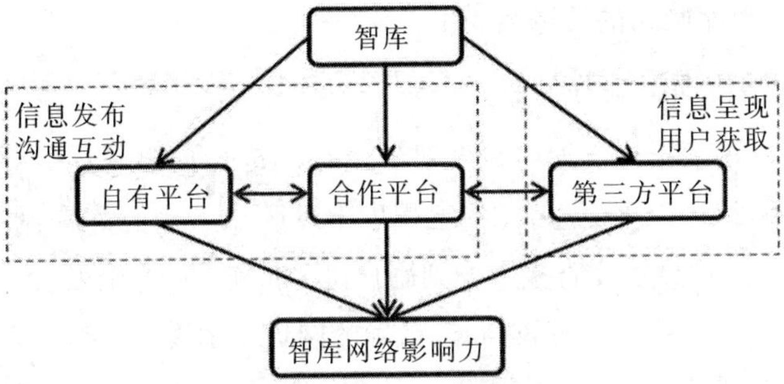

图3.2 智库网络影响力的形成

基于以上理念,从智库网络影响力产生渠道出发,确定三个一级指标,分别是网站影响力、新媒体影响力和网络传播影响力。在参考相关研究和文献、咨询相关专家的基础上,确定七个二级指标,作为对一级指标的细化,分别从网站规模、网站反链数、网页显示度、网络学术显示度、网络新闻曝光度、微信指数和微博粉丝数等七个方面具体分析,从而构建智库网络影响力的评价指标体系。

1. 网站影响力

网站规模指标。网站规模就是网站的所有网页数量。智库网站作为智库面向整个网络辐射的重要端口,是用户了解智库的重要途径,其建设水平将对智库网络影响力产生重要影响。网页是网站组成的基本元素,网页总量越大,智库网站规模就越大,就越有可能被用户检索或是被其他网站链接,因此,智库网站的影响力也越大。本文利用百度,构建检索式"site:XXX",如检索国务院发展研究中心网站的网页数量,就在百度检索框中输入"site:www.drc.gov.cn",便可得到该网站网页总数。

网站反链数指标。反链数(External Links)是指来自某网站外部的入链总数,该指标能很好地反映一个网站的声誉和外部辐射能力[①]。网站的反链数越多,说明从其他网站链接到该网站的渠道就越多,这对于提升网站排名和增加网站流量有重要作用,也在一定程度上显示了该网站在

① 米云,金英伟. 基于链接分析法的出版社网站评价研究[J]. 现代出版,2012(5):39-44.

全网的影响力。高质量反链是网站影响力的重要体现，本文利用站长工具，查询各智库网站的反链数。

2. **网络传播影响力**

网页显示度指标。通过百度对各个智库进行搜索，得到网络上有关智库的介绍和评论等信息，在一定程度上反映出各个智库在网络上的显示情况①。网页显示度直接影响到用户是否能够即时、全面、准确地了解智库信息。一个智库具有较高、较精确的网页显示度，意味着该智库更容易被用户发现，因此，在一定程度上体现了智库在网络传播中的影响力。利用百度搜索引擎，在搜索框键入智库名称，并记录查询到的网页数量。

网络学术显示度指标。智库作为专业的公共政策研究机构，其网络学术显示度可以从侧面反映智库研究的水平。本文利用谷歌学术对各智库进行搜索，记录相应数据。

网络新闻曝光度指标。在各大互联网媒体报道的新闻中与该智库相关的新闻热点数量，可以反映智库与媒体的互动频率，也从一个侧面揭示了智库在大众视野中曝光率。百度新闻是百度公司推出的中文新闻搜索平台，新闻源包括500多个权威网站，热点新闻由新闻源网站和媒体每天“民主投票”选出，不含任何人工编辑成分，真实反映每时每刻的新闻热点。本文从百度新闻平台可检索各个智库在新闻中的曝光率。

3. **新媒体影响力**

根据《第38次中国互联网络发展状况统计报告》（截至2016年6月）数据显示，网民中使用手机上网的比例为92.5%；微信朋友圈、微博使用率分别为78.7%、34%②，且根据腾讯和新浪的用户报告③，微信和

---

① 邱均平，程妮．中国重点大学的网络影响力评价研究[J]．科学学研究，2009，27(2)：190－195.

② 中国互联网络信息中心．中国互联网络发展状况统计报告[EB/OL]．(2016－08－03)[2016－09－16]．http://www.cnnic.cn/hlwfzyj/hlwxzbg/hlwtjbg/201608/P020160803367337470363.pdf.

③ 腾讯．腾讯公布2016年第二季度及中期业绩[EB/OL]．(2016－08－17)[2016－09－16]．http://www.tencent.com/zh－cn/articles/8003261479985013.pdf. 新浪数据中心．2015微博用户发展报告[EB/OL]．(2015－12－21)[2016－09－16]．http://data.weibo.com/report/reportDetail? id＝304.

微博拥有上亿用户群体。由此可见,新媒体是未来网络传播的新趋势,网络影响力的评价离不开新媒体。因此,我们选取微信指数和微博粉丝数作为智库新媒体影响力的评价指标。

微信指数指标。微信传播指数 WCI(Wechat Communication Index)通过微信公众号推送文章的传播度、覆盖度及公众号的成熟度和影响力,来反映微信整体热度和公众号的发展走势①。可以利用中国首个"两微一端"新媒体大数据平台——新媒体指数,来获取智库微信指数。

微博粉丝数指标。微博粉丝数是指开通微博的智库所吸引的粉丝数量,在一定程度上了反映了智库受欢迎程度。

二、影响力指标数据及实证评价

我们选择上海社会科学院智库研究中心发布的《2015 中国智库报告》中系统影响力排名下的四个系统分类,即党政军智库、地方社科院智库、高校智库和社会智库,每类选取排名前 10 个作为样本智库。根据上述指标以及数据采集方法,于 2016 年 8 月 1 日至 8 月 22 日收集智库数据,具体数据如表 3.1 所示。由于一些数据数量级较大,因此在之后数据处理中对一些数据进行转化处理。采取无量纲化中极值法对原始数据进行转化,即利用指标的极值(极大值)计算指标的无量纲值 Xi,计算公式为 $Xi' = Xi/maxXi$。

表 3.1　智库网络影响力原始数据(仅列各类系统智库前三位)

系统	排名	智库名称	网站规模(页)	反链数	网页显示度	网络学术显示度	网络媒体曝光度	微信指数	微博
党政军	1	国务院发展研究中心	16 734	991	5 590 000	23 800	497 000	295.48	0
	2	中共中央党校	35 492	789	4 440 000	76 100	29 200	386.97	0
	3	上海国际问题研究院	1 274	337	9 460 000	607	325	258.40	0

① 清博指数. 新媒体指数出榜指南[EB/OL]. (2015-02-09)[2016-08-20]. http://www.Gsdata.cn/index.php/site.

续表

系统	排名	智库名称	网站规模(页)	反链数	网页显示度	网络学术显示度	网络媒体曝光度	微信指数	微博
社会	1	中国国际经济交流中心	5 083	68	1 450 000	762 000	51 100	251.26	24
	2	21 世纪教育研究院	864	12	105 000	85 900	80 800	184.16	15 万
	3	中国(海南)改革发展研究院	3 061	21	515 000	10 800	391 000	144.37	468
地社	1	上海社会科学院	16 664	85	3 460 000	489 000	195 000	0	0
	2	北京市社会科学院	5 031	35	306 000	267 000	6 690	0	200
	3	广东省社会科学院	8 639	53	913 000	41 500	1 000	0	413
高校	1	北京大学	4 485 345	4 021	96 900 000	3 740 000	328 000	845	46 万
	2	清华大学	616 172	4 125	93 000 000	844 000	478 000	752	59 万
	3	复旦大学	722 961	3 700	72 300 000	410 000	321 000	679	66 万

层次分析法(Analytical Hierarchy Process,简称 AHP)的基本思想是将定量与定性相结合,将评估主体的主观判断用数量形式表达和处理。在使用 AHP 方法过程中,学界通行的是标度方法,最早提出且应用最广泛的标度是 1－9 标度①。首先,利用层次分析法确立智库网络影响力评价体系的层次结构。其次,通过调查、咨询专家的意见,并对此进行收集和整理,利用标度方法,构建各层次的判断矩阵。yaahp 是一款层次分析法辅助软件,为使用层次分析法的决策过程提供模型构造、计算和分析等

① 马小闳,刘宝录. 层次分析法在管理信息系统的建设中的应用[J]. 科技管理研究,2006(4):193－196.

方面的帮助①,因此最后各指标权重则利用 yaahp 软件进行计算,各指标权重见图 3.3。

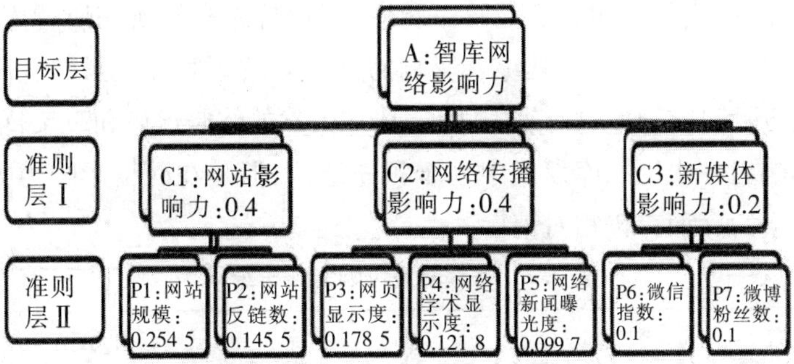

图 3.3 智库网络影响力指标体系及权重

1. 智库网络影响力排名

经过各项评价指标加权分析,按总分 100 进行换算,得到所选样本智库最终排名结果,如表 3.2 所示。具体分析排名结果可知:一方面,智库个体间网络影响力差距大。各智库的网络影响力最终得分相差极大,如第一名北京大学和第四十名天津市社会科学院总分相差 99.82,这显示了各个智库在网络影响力的建设水平方面有较大差距。另一方面,不同系统智库的网络影响力水平差距较大。高校智库、社会智库、党政军智库和地方社科院智库的平均分分别为 53.91、6.11、5.76 和 1.91。由此可见:(1)高校智库在网络影响力建设方面遥遥领先于其他三类智库,而其他三类智库的网络影响力差距较小。究其原因,一是因为高校智库样本在选取时,将每个高校作为一个整体计算,而不是高校下属的单独智库研究中心,因此该数据代表着整个高校的网络影响力水平;二是由于高校服务的主要群体是高校师生和教职员工,网站需要满足在校师生日常的教学科研活动和工作需要,网站本身使用频率和作用要大于其他智库网站。因此,高校网站所展示的信息、网站的功能以及网站规模较其他类型的智库网站更优化,对网络的利用程度强于其他三类智库。(2)党政军智库和地方社科院智库的网络影响力水平不如社会智库。根据上海社科院智

① yaahp 层次分析软件. 新手指南[EB/OL]. (2016-04-23)[2016-08-27]. http://www.yaahp.com/product/overview.

库研究中心《2015 年中国智库报告》中公布的 2015 年中国最具影响力智库榜单，在排名前 15 的智库中，党政军智库占 5 个，社会智库占 1 个①。由此可见，社会智库相比于党政军智库、高校智库和科研院所智库，在国内的发展处于弱势地位，其综合影响力低于党政军智库。虽然党政军智库和地方社科院智库具有官方背景，依靠天然的体制优势和政策优势，其综合影响力在中国智库发展中处于领先地位，但是在网络影响力方面相较于社会智库而言仍相对落后。

表 3.2　智库网络影响力评价结果

排名	系统排名	智库名称	得分	排名	系统排名	智库名称	得分
1	高校 1	北京大学	100.00	21	社会 1	中国国际经济交流中心	5.93
2	高校 2	清华大学	75.88	22	社会 4	综合开发研究院（深圳）	4.93
3	高校 3	复旦大学	66.37	23	社会 7	第一财经研究院	4.25
4	高校 8	厦门大学	61.52	24	社会 10	察哈尔学会	4.04
5	高校 4	中国人民大学	56.03	25	党政军 9	中国现代国际关系研究院	3.52
6	高校 9	浙江大学	50.78	26	党政军 5	中国国际问题研究院	3.00
7	高校 7	上海交通大学	45.80	27	社会 8	上海 WTO 事务咨询中心	2.41
8	高校 5	南京大学	38.01	28	地方社科院 4	江苏省社会科学院	2.36
9	高校 6	南开大学	30.40	29	地方社科院 7	重庆社会科学院	0.88
10	党政军 1	国务院发展研究中心	21.76	30	党政军 10	中国浦东干部学院	0.78
11	高校 9	上海财经大学	14.27	31	党政军 6	国家发改委宏观经济研究院	0.62

① 上海社会科学院智库研究中心．2015 年中国智库报告［EB/OL］．(2016－06－20)［2016－09－22］．http://www.pjzgzk.org.cn/c/87.htm.

续表

排名	系统排名	智库名称	得分	排名	系统排名	智库名称	得分
12	社会3	中国(海南)改革发展研究院	11.73	32	地方社科院2	北京市社会科学院	0.59
13	党政军2	中共中央党校	10.78	33	社会9	中国经济体制改革研究会	0.59
14	社会5	胡润研究院	10.14	34	地方社科院3	广东省社会科学院	0.55
15	社会6	零点研究咨询集团	9.63	35	党政军4	中国军事科学院	0.55
16	党政军7	上海市人民政府发展研究中心	9.05	36	地方社科院7	湖北省社会科学院	0.39
17	社会2	21世纪教育研究院	7.42	37	地方社科院6	山东省社会科学院	0.38
18	地方社科院5	四川省社会科学院	7.24	38	党政军8	中共上海市委党校	0.36
19	党政军3	上海国际问题研究院	7.19	39	地方社科院10	吉林省社会科学院	0.24
20	地方社科院1	上海社会科学院	6.28	40	地方社科院9	天津市社会科学院	0.18

注：表中“系统排名数据”来自上海社科院智库研究中心发布的《2015年中国智库报告》。

2. 分项评价指标分析

(1)网站影响力评价分析

网站规模分析。在调查中发现：所选的40个智库样本的网页总数主要集中在1 000～10万之间，具体如图3.4所示。高校智库网站规模最大，均在10万网页数以上；党政军智库和地方社科院智库网站规模居于第二位，在1 000～10万之间；社会智库网站规模较小，处0～1万之间。总体来说，智库的网站规模偏小，有62.5%的智库网页规模在1 000～10万之间。虽然在调查中显示高校智库网站规模庞大，但必须意识到，高校除了拥有智库的身份,更是综合性的教育科研机构,在调查中将高校作为一个整体计算数值。其原因主要是高校智库大多依托所属高校,并不是独立机构。大多数高校智库没有自己的官方网站,有些高校智库虽然有自己的网站,但一般在高校网站的二级或三级域名下,研究成果的网上宣传依赖于所在高校①,高校网站与高校智库网站合二为一的做法阻碍了高校智库独立品牌的确立,使得智库只能成为高校的附属产品。与高校智库不同,社会智库、党政军智库和地方社科院智库等均有独立智库网站。但是这三类智库的网站规模相对较小。网站是智库面向网络传播智库观点和智库思想的重要窗口,社会智库、党政军智库和地方社科院智库等三类智库网站发展相对落后,将在一定程度上影响到智库信息在网上的传播,从而影响到智库网络影响力。

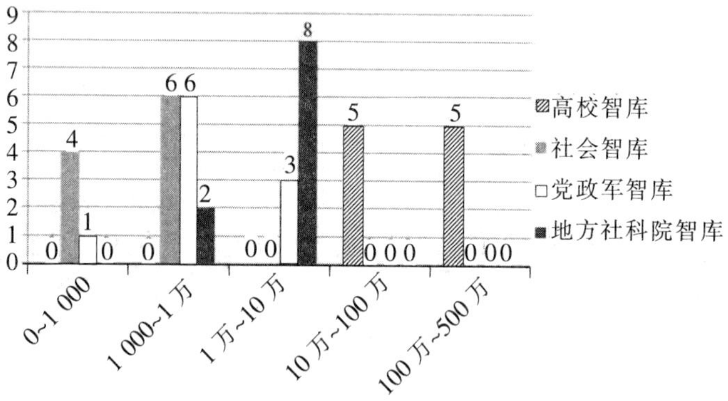

图 3.4　智库网站规模分布

网站反链分析。从站长之家查询到的 40 个智库反链数可知,智库网站的反链数主要集中在 0 ~ 100 之间,占智库总数的 68% 。具体分析各类智库反链数可以发现:四类智库反链数分层明显,高校智库反链数最高,其中有 8 家在 1 000 ~ 500 之间,2 家在 100 ~ 1 000 之间;党政军智库次之;地方社科院智库和社会智库反链数最少,均在 0 ~ 100 之间。反链数反映了被其他网站链接的数量,也从侧面表明了该网站的重要性。由此可见,高校智库网站被其他网站链接引用的频率明显高于其他三类智库。

① 陈媛媛,李刚. 智库网站影响力评价指标体系研究[J]. 图书馆论坛,2016(5):25 - 33,62.

地方社科院智库平均反链数为 28.2,略低于社会智库平均反链数的 28.5,但是社会智库中有 3 家反链数为 0。虽然站长之家所查询的外链数与实际值可能存在差距,但还是能够发现社会智库网站知名度较弱,发展不均衡,个别网站处于"默默无闻"状态。

(2)网络传播影响力分析

网页显示度。网页显示度表明了智库信息的覆盖度,直接影响到用户接触到智库信息的概率。由图 3.5 可知,92.5% 的智库网页显示度在 10 万以上。具体分析智库的网页显示度可以发现:在智库网页显示度排名前 10(网页显示度在 1 000 万以上)的智库均是高校智库;党政军智库和地方社科院智库网页显示度集中在 10 万 ~ 1 000 万之间;社会智库网页显示度最低,排名后 10 的智库中有 70% 是社会智库。由此可知,四类智库网页显示度发展不均衡,社会智库较其他三类智库,在网络上活跃程度较低,公众知晓率较低,这直接影响到公众接触到智库信息的概率,从而拉低了智库网络影响力。

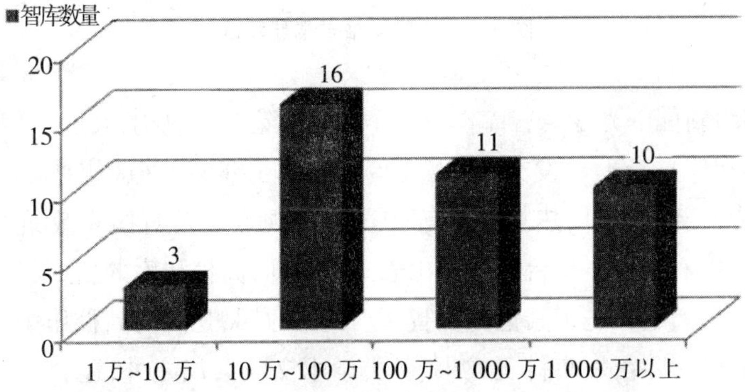

图 3.5　智库网页显示度区间分布

网络学术显示度。在谷歌学术上搜索各智库可以发现:四类智库网络学术显示度差别较大。具体从图 3.6 可知。高校智库依托高校的教学科研实力,学术成果产出较高,稳居第一,其网络学术显示度均在 10 万以上,其中中国人民大学最高为 22 000 000;地方社科院智库由于其科研院所性质,科研学术实力位居第二,网络学术显示度范围为 1 万 ~100 万之间;社会智库网络学术显示度发展不均衡,分布区间跨度为 100 ~ 1 000 000,网络学术显示度最高智库是最低智库的 100 倍;党政军智库网络学术显示度最低,有6家智库网络学术显示度在100~1 000之间。由此可见,网络学术显示度与智库性质有极大关系。高校智库和地方社科院智库依托本机构的科研实力,其学术成果产出较多,学术影响力较大,网络学术显示度随之变大。党政军智库由于其体制特殊性,与政府联系密切,部分研究出于保密性要求无法公开,在一定程度上影响了其网络学术显示度。

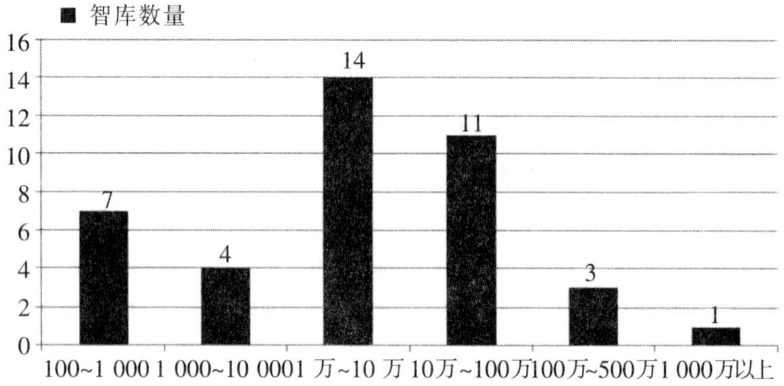

图3.6　智库网络学术显示度

网络新闻曝光度。智库作为一个公共政策研究机构,其思想、观点除了借助智库自身平台发布,还需要借助媒体力量,如新闻媒体曝光。例如,智库对新闻时事、热点大事等阐述自身观点以及对国家政策的解读等,都可以利用媒体平台发声。由表3.3可知,高校智库的新闻曝光度位居第一,且遥遥领先于其他三类智库。究其原因,是因为高校作为一个教育机构,每年除了发布科研成果、各类学术交流会议之外,还会发布各类基本信息,如招生就业信息、学生活动信息等,这在一定程度上增加了高校智库的新闻曝光度。其次是党政军智库,由于党政军智库往往参与各类政府政策制定,对政府政策进行解读,因此其新闻曝光度也会相应提高。社会智库新闻曝光度位居第三,地方社科院智库新闻曝光度最低。地方社科院智库虽然没有党政军智库靠近决策中心和高校智库深厚的科研实力,但与社会智库相比具有官方背景。一方面,能够享受到部分体制内的优势;另一方面,也会受到体制的局限。

表 3.3　智库网络媒体曝光率

曝光率 类型	平均 曝光值	100 ~ 1 000	1 000 ~ 10 000	1 万 ~ 10 万	10 万 ~ 100 万
社会智库	63 792	3	0	6	1
高校智库	238 330	0	0	1	9
党政军智库	88 699	2	5	1	2
地方社科院智库	33 407	3	3	1	2
总计	424 228	9	8	9	14

(3)新媒体影响力分析

微信指数。获取微信指数最基本的条件是智库开通微信公众号。由表3.4可知,高校智库微信开通最高,为100%,且微信指数总体水平也最高。一方面,与高校智库熟练运用微信平台有关;另一方面,高校拥有数量庞大的师生群体,其微信号的用户关注度较高。社会智库的微信开通率紧随其后,为90%。但与高校智库的微信指数相比,社会智库微信指数虽然位居第二,但相对较低。社会智库虽然拥有较高的微信开通率,但是其微信号的用户关注度还有待提高,这表明社会智库对于微信平台虽然拥有较高的积极性和敏感度,但是对于平台的经营则稍显薄弱。党政军智库、地方社科院智库分别以50%、20%的微信开通率位居第三、第四。由此可见,党政军智库和地方社科院智库对微信平台的反应迟缓。

表 3.4　智库微信微博数据分析表

指标 类型	微信开通率	微信指数(平均)	微博开通率	微博粉丝数(平均)
高校智库	100%	654	100%	341 000
社会智库	90%	230	80%	57 242
党政军智库	50%	133	10%	15
地方社科院智库	20%	41	40%	795

微博粉丝数。由表3.4可知,高校智库除了在微信运营方面拥有较高人气,在微博平台运营上也稳居榜首,且微博粉丝数量总体较高。其次是社会智库,其微博平台开通率与微信平台相比略低,但其微博发展水平

参差不齐,微博影响力较大的智库拥有几十万粉丝,例如社会智库中粉丝数量最高的零点咨询集团拥有约 37 万粉丝,而个别社会智库只有几十个粉丝数量。党政军智库与地方社科院智库的微博开通率和粉丝数普遍较低,结合上文微信指数的分析,直接表明了这两类智库对于微信、微博等新媒体的反映迟钝。

三、影响力提升的路径分析

由于所选取的40个智库样本是中国四类智库中综合水平最高的智库,也代表着四类智库网络影响力建设的最高水平。从以上分析可知:各类智库的网络影响力差距较大,高校智库依托高校,网络影响力遥遥领先于其他三类智库;除高校智库外,其他三类智库在网络影响力的各个方面均有自己的长处和不足。党政军智库在网站影响力方面高于地方社科院智库和社会智库,但在新媒体影响力上处于弱势;在网络传播影响力方面,其网络学术显示度较低。社会智库则与党政军智库相反,在新媒体影响力方面领先于党政军智库和地方社科院智库,网站影响力和网络传播影响力相对较低。地方社科院智库在网络影响力上总体处于弱势地位。在网络时代,智库网络影响力对于智库发展显得尤为重要,因此,各类智库应该取长补短,着力提升自己的网络影响力水平。

1. 重视智库网站建设

智库网站不仅是智库进行网络宣传,传达智库思想、智库观点,扩大自身网络影响力的前沿阵地,也是用户了解智库相关信息最直接的渠道。因此,要提高智库的网络影响力首先要做好智库网站的建设。据上文分析,四类智库在网站影响力方面做得最好的是高校智库,其次是党政军智库,地方社科院智库和社会智库网站影响力处于弱势地位。但值得注意的是,高校智库网站依托高校,最紧迫的任务是建立独立的智库网站。而其他三类智库可以结合自身特点和风格,做好智库网站的建设,特别是社会智库缺乏体制上的优势,更应该重视网站建设,做好网站经营管理。一是要做好网站规划。网站是智库在网络上的门面,体现了智库形象。因此,智库网站建设必须先做好网站规划,确定网站风格,注重网站总体界面的友好性,如此才能增强用户体验。二是要丰富网站内容。智库网站应尽可能地展示智库的相关信息,让用户能够在网站了解详细的智库信息，了解智库观点、智库产品。除了介绍性信息，智库网站还应当把握智库研究成果的公开程度，要增加信息类型。单纯的文字信息阅读起来较为单调，枯燥乏味。因此，智库网站应该注重多媒体类型信息的开发，提供多种形式的信息资源。如专家学者的讲座，在线课程，智库召开的新闻发布会视频等。三是要加强网站数据监控。在重视网站建设的基础上，智库应该加强对网站数据的监控。网站数据直接反映了智库网站的运营成效，可以根据数据找出网站存在的问题，还可以从侧面反映出智库网站的影响力。四是注重用户的个性化需求。满足用户的个性化需求是提高服务质量的重要途径。智库可在网站首页开辟个性化专栏，让用户自行对感兴趣板块进行订阅，研究成果一旦发布就会通过预留邮箱推送到用户面前，这种点对点的信息服务可以有效提升传播力和影响力①。

2. 灵活运用新媒体

各类社交网络平台是各行各业在新媒体环境下，进行网络宣传的重要窗口。智库是政府的“外脑”，起着“承上启下”的作用，不能“只唯上，不唯下”。因此，智库不仅需要了解民意，关注民生，为政府决策提供建议，也需要与民众进行互动沟通，向民众阐述政府政策，评价政策的合理程度，而灵活地运用各类常见社交媒体是与民众沟通互动的有效方式②。在调查中发现：在新媒体影响力建设上，高校智库与社会智库具有较高成就，而党政军智库与地方社科院智库则较为落后，这两类智库微信微博开通率均较低。微信微博作为新媒体的代表，拥有较大的用户群体，且操作方便，是智库扩大影响力的重要平台。因此，智库应该灵活运用新媒体，特别是党政军智库和地方社科院智库与政府关系最为密切，应该根据自身条件，选择合适的新媒体平台，传递智库思想和观点，做好政府决策与民意反馈的桥梁纽带。平台开通后，要注重平台的运营。一是强化目标定位，理解新媒体平台对于智库的作用，确定符合自身特点的平台定位和风格。二是倡导内容为王。平台所发布的内容是吸引粉丝的关键，除了保证内容质量，还应该保证数量。定期更新容易培养用户的阅读习惯，增加用户依赖感。此外，还应注重趣味性。图文音像结合的形式，可以增强

---

① ②吴迪．我国高校智库的传播力提升策略研究[D]．重庆：西南政法大学，2015.

用户的阅读效果。三是鼓励用户互动。微信微博等社交性质的平台,天然拥有与用户互动的作用。智库应该充分发挥其作用,积极与用户互动,了解用户需求,扩大平台影响力。由于微信微博的辐射范围主要在国内,智库若想与国际接轨,提高国际影响力,可以考虑开通 Facebook(脸书)、Twitter(推特)、Instagram(照片墙)、LinkedIn(领英)等国际化社会软件。除了开通各类社交软件之外,有能力的智库可以开发手机客户端。智库专属的 APP 可以直接向用户传递智库信息,呈现智库研究成果,一方面可以确保信息的精确送达,另一方面可以利用个性化满足用户需求,增强用户黏性。

3. **丰富网络参与形式**

在互联网环境下,单纯的信息发布和信息展示已经不能满足用户对智库信息获取多样性的要求。因此,智库必须提高智库网络活跃度,丰富智库参与网络活动的形式,利用各类网络平台,推出符合用户习惯和互联网潮流的智库网络产品,努力使智库在更多领域和平台进入大众视野。一是要在网络问答社区开辟专栏。智库除了可以开通微信、微博等作为自媒体宣传智库思想的平台,也可以在各类网络问答社区开辟专栏,如知乎、百度知道、天涯等,智库专家学者可在该平台上进行注册认证。智库作为专业的政策研究机构,在此类平台上可以根据自身所擅长的领域开辟专栏。一方面,智库可以利用专家团队,为网友解答疑问;另一方面,可以通过解答疑问,发布信息扩大自身影响力。二是要大力开展网络教育。智库可以开展用户网络教育,传递智库思想和观点。例如,北京大学国家发展研究院设置了公开课培训、公司特设培训、新商业领袖培育计划、暑期学校和中国学习之旅等形式的教育培训内容,有针对性地提供服务,传播影响力①。此外,智库学者也可在网易公开课、MOOC 平台等开设相应课程,或是利用各类直播平台进行课程直播,与用户即时互动。三是鼓励开放学术成果。作为公共政策研究机构,智库为政府企业出谋划策,尽量开放其研究成果,不仅可以使智库观点得到最大范围地传播,扩大读者群,使智库观点在最大程度上得到公众认可,也可以加快学术成果的流

① 吴迪. 我国高校智库的传播力提升策略研究[D]. 重庆:西南政法大学,2015.

通。例如将研究成果公开发表在杂志期刊上，或是将研究成果免费公开在智库网站或各类学术性网站上。

4. **加强与媒体合作**

媒体拥有与智库不同的传播渠道，智库与媒体合作能够扩大自身影响力的辐射范围。因此，智库要以积极的态度和形象，主动加强与媒体沟通。一是加强与新闻媒体互动。智库可与新闻媒体合作，对重大时事进行解读，也可以采用新闻发布会、专题报道和专项采访等形式，宣传智库最新成果的研究进展，或是传递知名专家学者的观点，打造智库明星学者，提高智库媒体曝光度①。二是加强与其他网站进行友好合作。智库网站的影响力未必有其他门户网站大，如新浪、百度等。因此，智库网站可以与这类网站合作，建立友情链接。网站被链接的次数反映该网站的质量，其理论依据是：一个网站被另一个网站所链接是对该网站的赞许与利用，而且二者的内容是相关的，一个网站的外部链接数越多，其网络影响力越大②。此外，也可将智库文章发布到这些网站，高质量的文章得到大家认可，容易得到转载，这也在一定程度上扩大了智库的网络传播范围，提高了网络影响力。在所调查的四类智库中，地方社科院智库的网络传播影响力最低。因此，地方社科院智库可借鉴其他三类智库的经验。例如，地方社科院智库可依托自身科研实力，对新闻热点进行解读，对各类社会问题开展研究，并与媒体合作，通过媒体渠道将研究结果与大众分享。

① 杨思洛，冯雅，韩雷．中美顶尖智库比较分析及其启示[J]．智库理论与实践，2016，1(3)：15－24.

② 陈太洋，任全娥．中外企业网站的链接分析与网络影响力评价[J]．情报理论与实践，2008，31(4)：614－619.

第四章
中国特色新型智库建设绩效评价:以高校为例

第一节　中国高校特色新型智库发展面临的主要难题[①]

对智库而言,其努力应围绕提升咨政建言能力,贡献前瞻性、战略性、指导性的咨询报告、调研报告、对策建议等成果而展开。落实到地方高校新型智库建设路径,核心是立足地方,根本是用活人才,关键是建好基地,抓手是做实课题,保障是拓宽渠道。高校是我国哲学社会科学的主力军,学科门类齐全,研究实力雄厚,对外交流广泛,是新型智库建设的重要力量,高校智库建设日益受到党和国家重视。在国家统筹推进"双一流"建设进程中,高校特别是地方高校应乘势而上,顺势而为,主动作为,推进新型智库建设,以一流的科学研究和社会服务为解决国家包括地方经济社会发展的重大理论和现实问题提供有效支撑。

一、面临的主要难题

近年来,部属高校充分利用优势,在智库建设上先行一步,取得了较好的成绩,涌现了一批知名智库。比较而言,地方高校智库建设滞后,存

---

① 本节是在黄华伟撰写的《地方高校新型智库建设路径浅析》一文的基础上修改而成,原载《中国社会科学报》,2017年5月18日,第7版。

在着以下困境。

1. **定位欠精准**

与一般学术研究不同的是,智库研究更强调应用,突出问题导向和服务意识,直奔服务党和政府决策开展研究,拿出具有真知灼见、切实管用的研究成果。考察国内外一流智库,越是著名的智库越是坚持走专业化路子,主攻方向明确,善做“长线”、苦练“内功”,形成自己的专长和优势,做到技高一筹、独树一帜。地方高校智库建设的地域性优势明显,对所在省份或者说区域的认知和把握深度强于其他研究机构,对地方决策影响程度本应该更深刻。而事实是,地方高校智库对地方研究普遍重视不够、意识不强、能力不足,不愿意或者不主动去服务于地方决策;争取或者承担各类直接服务地方的横向课题太少,建言献策、决策咨询参与度不够,话语权太弱,管用的方案很少。

2. **人才欠殷实**

人才是智库建设的第一资源。一方面,地方高校受制于地域、平台等因素,专家、学科领军人才和创新团队很少。地方高校的智库学者由于身份的限制,即使学术成就突出,也较难进入一流智库学者行列,难以拥有一定的学术话语权,这一定程度上导致了领军人才和杰出人才缺乏。地方高校智库高水平人才队伍还存在着稳定难、流失易的状况。另一方面,地方高校现有人才团队中,总体存在着智库咨政人才少、研究力量分散的状况。由于重点学科发挥引领作用不够,部分教师科研水平和实力不足;有部分教师科研能力尚可,但应用对策研究问题意识不强、水平不够等。

3. **平台欠健全**

地方高校研究平台,特别是高级别的研究基地(中心)较少。比如151个教育部社科重点研究基地,只有32个在地方高校。在已经认定的两批38个“2011协同创新中心”中,地方高校仅有4个。地方高校现有省级或者校级研究平台,大多数为从事基础或者理论研究的基地(中心),现有少量的应用型研究基地也未积极推进整合与转型升级,没有朝着具有咨政能力的研究机构转化。

4. **渠道欠畅通**

一方面,地方高校成果转化机制不完善,缺乏高效顺畅的智库成果编发机制。比如,很多直属高校科研管理部门或者重点研究基地(研究院、中心)常年固定编发的《智库专刊》《决策参考》等形式的成果转化和传播渠道,在地方高校则比较少见。另一方面,调研报告、决策参考形成后除了提交上级部门参阅后,重大成果难以得到二次转化应用。此外,部分地方党委和政府决策机制不严格,专家参与公共政策决策尚未进入法定程序,或者有法不依;部分政府决策邀请专家流于形式,党委和政府决策咨询也更热衷于邀请名校、名院的专家。

二、建设的主要维度

对智库而言,其努力应围绕提升咨政建言能力,贡献前瞻性、战略性、指导性的咨询报告、调研报告、对策建议等成果而展开。落实到地方高校新型智库建设路径,核心是立足地方,根本是用活人才,关键是建好基地,抓手是做实课题,保障是拓宽渠道。

1. 立足地方

智库的需求,来自党和政府的需求。地方高校智库属于智库建设的"地方队",建设当然首先要立足地方,服务所在的省份、地级市,更要直面一线,服务县级党委和政府。地方高校智库在调查研究、数据获取、走访座谈、对接交流方面都比非本区域的直属高校智库、科研院所智库更快捷、更经济。另外,地方高校智库瞄准某一区域或者某一领域,持续发力,久久为功,完全可以做出特色、做出品牌、作出贡献。当然,地方高校的部分高水平智库在立足地方、服务地方的同时,也可以为服务党和国家的决策作出贡献。在这方面,有一些地方高校的智库取得了较好的成绩,比如湘潭大学的毛泽东思想研究,浙江师范大学的非洲研究,广西大学的东盟研究,云南大学的边疆问题和东南亚、南亚国际问题研究等。从定位上看,地方高校智库研究首要的是说好"地方话",再讲好"普通话"。

2. 用活人才

智库要引进一批人、培养一批人、用活一批人,在领军人物的带领下,形成一支规模适度、学科综合、结构合理的智库队伍,夯实智库发展的人才之基。智库人才队伍建设要创新,不仅需要吸引成名的大家,也需要培养初出茅庐的新锐。一要加强智库人才引进,引进国内外高水平大学博士,培养智库后备人才。同时要建立高端人才柔性流动运行机制,通过建立富有地方高校特色的人才“旋转门”制度,吸引地方党政机关智库人才(包括退休的党政领导干部)和国内外一流政策研究人才到地方高校智库工作或者兼职;积极推荐中青年智库骨干专家到各级党政部门挂职任职,强化中青年智库人才对国情、省情、市情的认识和研究,直面党和政府一线决策,提高研究能力和水平。二要建立与智库研究特点相匹配的岗位聘用、职称评定、成果评价制度,其评价指标更加侧重考察研究成果对实际决策和社会生活的影响力,切实支持、引导和激励智库学者潜心进行决策咨询研究。

3. **建好基地**

对于地方高校智库建设而言,与其另起炉灶匆忙上阵,不如充分发挥现有科研机构的基础和潜能,释放活力。大多数地方高校都有较为完备的科研机构层次和布局,特别是省、校两个层级的“2011 协同创新中心”和人文社会科学重点研究基地,具备相对较好的研究基础、较强的人才队伍、较强的问题凝练能力和一定的决策咨询经验。地方高校可以这些平台为基础,推动高校应用类协同创新中心和重点研究基地向新型智库转型,将高校自身的学科优势和科研优势最大化。同时,着力建设一批社会调查、统计分析、案例集成等社会科学专题数据库和模拟仿真及实验计算的社科实验室,加强与政府、行业等相关部门共同分享数据资料,促进智库研究手段和方法的创新,适应当前党委和政府的科学决策。还要完善开放合作机制,大力推动协同创新,组织多部门、多学科、多领域专家开展联合攻关;鼓励高校同科研院所、行业企业、地方政府以及国际创新力量开展深度合作,建立战略联盟,重点研究和解决国家急需的战略性问题、科学技术尖端领域的前瞻性问题,以及涉及国计民生的重大公益性问题。

4. **做实课题**

一是要强化问题意识和服务意识,凝练出地方经济社会发展的重大问题,开展自主长线研究。围绕党委和政府重大决策、社会公共政策制定、社会治理与服务等,通过跟踪调查研究、实行对口服务、开展合作研究等方式,出精品力作,提供战略研究、咨询报告、政策方案、规划设计、调研数据、智库内参等,争取纳入政府采购范围和政府购买服务指导性目录。同时积极推进成果走向市场,向社会提供咨询服务和智库成果。二是做好国家社科基金重大项目、教育部社科研究重大课题攻关项目、各省社科基金重大项目(含重大委托项目)的招标和研究工作,以重大项目为载体,以课题组为基础打造攻关团队,开展协作研究,做实课题,着力推出高水准的优秀智库成果。智库要通过做实课题,强化研究成果的精细化程度,提出有思想、有谋略、可操作的研究成果和政策建言。

5. 拓宽渠道

要拓展成果发布应用渠道,打破智库发展的瓶颈,完善专家建议报送机制,打造地方高校智库成果发布平台,增强对政府决策和社会舆论的渗透力、影响力。第一,要对智库成果精准化报送,提高成果转化率。要积极创办校级层面和智库层面的《智库专刊》《决策参考》等研究类内参,同时要加大报送力度,建立主题征集、集中报送的工作机制,服务智库成果转化。通过举办成果发布会、研讨会、高端论坛、宣讲会等活动,充分利用新媒体,加大智库重大研究成果宣传力度。第二,建设地方高校智库交流平台,开展地方高校之间,地方高校与部属高校、国外名校、科研院所之间的合作研究,积极建立地方高校智库联盟,举办高层论坛,打造集中发布、影响广泛的地方高校成果发布品牌。

第二节　中国高校特色新型智库国家社科基金项目统计①

国家社科基金项目是中国最高级别的社科类研究项目。其中年度项目是国家社科基金项目的主体部分,申报和立项数最多、覆盖面最广、资助金额最大和学界关注度最高,包括重点项目、一般项目和青年项目三类,涵盖23个学科。当前中国社科研究力量主要有高校、社科院、党校、党政机关和军队五大系统。高校是社科研究的主力军,一所高校立项国家社科基金年度项目的多少和项目研究质量,体现了该单位研究水平和实力。本研究所采用的数据,来源于全国哲学社会科学规划办网站公布

① 本节是在黄华伟、杨端光撰写的《"十二五"中国高校社会科学研究现状——基于国家社科基金年度项目的统计分析》一文的基础上略加修改而成,原载《高教发展与评估》,2016年第5期,第1—7页。

的2011—2015年年度项目高校系统立项情况①。通过对“十二五”高校立项的国家社科基金年度项目数据统计,分析申报情况,即立项项目类别、系统、地区、单位、学科分布等因素,从项目角度全方位考察高校智库“十二五”社科研究现状和发展趋势。

一、项目总体概况

“十二五”国家社科基金经费累计投入67.04亿元(年均增长17.67%),比“十一五”17.46亿元增长2.84倍。“十二五”国家社科基金年度项目共申报131 905项,立项17 598项,比“十一五”的8 393项增长1.1倍,平均立项率为13.34%②。

从申报看,“十二五”高校系统共申报113 922项,占86.33%,其中2011—2015年申报数为18 450项(占87.10%)、22 083项(占87.48%)、24 954项(占87.01%)、24 071项(占85.40%)和24 634项(占87.28%)。2014年高校系统申报数减少,与当年新规,即禁止申请人同一年度同时申报教育部人文社科项目和国家社科基金年度项目有关。从立项看,“十二五”高校系统立项15 212项(同比增长113.86%),占86.44%,同比提高1.69个百分点;其次是社科院系统占5.57%,党校系统占3.93%,党政机关系统占2.70%,军队系统占1.36%。分年度看,2011—2015年高校系统分别立项2 883项(占86.78%)、3 291项(占86.84%)、3 826项(占85.81%)、3 820项(占86.05%)和3 778项(占86.87%)。从项目类别看,高校系统立项重点项目940项(占80.48%),一般项目9 161项(占88.25%),青年项目5 111项(占84.49%)。比较高校系统年度项目占比,可见重点项目和青年项目的比例偏低,高校系统要提高这两类项目的申报和立项率。

二、项目地区分布

表4.1为高校系统“十二五”国家社科基金年度项目地区分布。高校

① 全国哲学社会科学规划办公室.国家社会科学基金历年资助年度项目[EB/OL].(2015-12-16)[2016-07-01]http://www.npopss-cn.gov.cn/GB/219469/index.html.

② 全国哲学社会科学规划办公室.国家社会科学基金年度报告(2012)[S].北京:学习出版社,2013.

系统年度项目在31个省市区分布不平衡，北京、上海、江苏及湖北四地高校排名前四，立项1 000项以上。表4.1较客观反映了各地区高校的社科研究实力和水平分布。课题立项数与各地高等教育发展密切相关，重点高校多的地区立项数多。

表4.1　高校系统“十二五”国家社科基金年度项目地区分布

地区	总计(项)	百分比(%)	高校数(个)	“十二五”立项(项)	地区	总计(项)	百分比(%)	高校数(个)	“十二五”立项(项)
北京	1 763	11.59	56	1 033	陕西	382	2.51	26	159
上海	1 189	7.82	28	623	天津	367	2.41	19	193
江苏	1 166	7.67	48	514	云南	326	2.14	18	150
湖北	1 060	6.97	33	607	甘肃	280	1.84	15	139
广东	771	5.07	34	393	黑龙江	279	1.83	20	98
湖南	749	4.92	32	416	河北	272	1.79	26	97
浙江	741	4.87	39	329	新疆	253	1.66	14	93
山东	701	4.61	36	294	贵州	234	1.54	16	64
河南	616	4.05	34	210	广西	233	1.53	21	75
四川	526	3.46	31	236	山西	203	1.33	13	68
江西	490	3.22	19	176	内蒙古	172	1.13	12	67
福建	445	2.93	20	233	宁夏	103	0.68	5	34
重庆	425	2.79	15	164	青海	96	0.63	3	53
辽宁	419	2.75	32	188	西藏	75	0.49	3	16
安徽	412	2.71	27	191	海南	74	0.49	5	16
吉林	390	2.56	16	184	总计	15 212	100	716	7 113

从立项数看，与“十一五”比，所有地区都有较大幅度的增长，有23个省市区增幅实现翻番，其中增长明显的地区是立项数相对偏少的中西部地区，如西藏(3.68倍)、海南(3.63倍)、贵州(2.66倍)、宁夏(2.02倍)、山西(1.99倍)、河南(1.93倍)、黑龙江(1.84倍)、河北(1.80倍)、

江西(1.78 倍)和新疆(1.72 倍)①。

从排名看,与“十一五”比,居前十名的江苏超越湖北成为第 3 名,广东超越湖南成为第 5 名,河南从第 11 成为第 9 名,福建跌出前 10 名。排名变化较大的还有:江西从第 16 升至第 11 名,重庆从第 17 升至第 13 名,天津从第 12 名跌至第 18 名,贵州从第 27 名升至第 24 名。其他地区排名只有 1 ~2 名位变动。

从区域看,东部地区 11 省市共立项 7 908 项(省均 718 项),占 51.99%(“十一五”为 55.01%),中部地区 8 省共立项 4 199 项(省均 525 项),占 27.60%(“十一五”为 27.41%),西部地区 12 省市区立项 3 105 项(省均 259 项),占 20.41%(“十一五”为 17.57%)。东部地区省均立项数是中部地区的近 1.5 倍,是西部地区的近 3 倍。与“十一五”相比,西部地区的社科实力都有所上升,如能加大对西部项目的投入力度,西部地区的国家社科基金项目数将更多,比例会更高。

三、项目单位分布

统计期间,共有 716 所高校获国家社科基金年度项目立项,比“十一五”增加 195 所,增长 37.43%。这表明,“十二五”有近 200 多所高校实现国家社科基金项目零的突破,项目覆盖面进一步扩大。有 294 所高校立项数不足 5 项(年均不到 1 项),占有立项的高校数 41.16%,其中立项 1 项的有 130 所,占有立项的高校数 18.06%。

按办学层次分,本科高校 684 所(含独立学院)立项 15 177 项,占 99.77%;专科高校 32 所立项 35 项,占 0.23%。

按主管部门统计,地方高校立项 9 159 项,占 60.21%;部属高校立项 6 053 项,占 39.79%,其中教育部直属高校立项 5 194 项,占 34.14%。

按重点高校分,38 所“985 工程”普通高校立项 3 698 项,占 24.31%;非“985 工程”的“211 工程”普通高校立项 3 453 项,占 22.70%。非“211 工程”高校立项 8 061 项,占 52.99%。高校智库系统“十二五”期间国家社科基金年度项目立项数 80 项以上的单位,如下表 4.2 所示。

① 黄华伟.“十一五”期间我国高校社科研究现状——基于国家社科基金项目的统计分析[J]. 情报科学,2012(4):553 - 558.

表 4.2　高校系统"十二五"国家社科基金年度项目立项数 80 项以上的单位

所在单位	"十二五"期间		"十一五"期间		所在单位	"十二五"期间		"十一五"期间	
	立项数	排序	立项数	排序		立项数	排序	立项数	排序
人民大学	228	1	189	1	湖南师大	107	27	71	17
南京大学	196	2	139	4	安徽大学	105	28	61	27
吉林大学	191	3	106	11	暨南大学	102	29	55	35
北京大学	187	4	154	2	江西师大	99	30	27	73
山东大学	176	5	77	15	云南大学	95	31	64	23
武汉大学	174	6	147	3	河北大学	95	31	28	71
厦门大学	174	6	113	7	上海交大	94	33	58	30
复旦大学	172	8	125	5	湖南大学	93	34	76	16
华东师大	170	9	85	14	清华大学	93	34	67	21
浙江大学	166	10	116	6	苏州大学	93	34	64	23
北京师大	164	11	102	12	黑龙江大学	92	37	54	36
中南财政	159	12	92	13	中央民大	92	37	51	40
中山大学	156	13	108	9	山西大学	92	37	44	46
南开大学	150	14	112	8	上海大学	91	40	63	26
华中师大	148	15	107	10	福建师大	90	41	59	29
四川大学	147	16	70	18	西南政法	89	42	31	61
郑州大学	128	17	69	19	中央财大	87	43	34	56
河南大学	127	18	68	20	上海师大	84	44	43	47
对外经贸	123	19	56	33	陕西师大	84	44	39	51
江西财大	122	20	60	28	兰州大学	83	46	53	38
东北师大	122	20	46	45	首都经贸	83	46	17	116
南京师大	121	22	65	22	山东财经	82	48	22	90
西南大学	113	23	54	36	湘潭大学	80	49	64	23
华东政法	111	24	42	49	中南大学	80	49	43	47
中南民族	108	25	47	43	东南大学	80	49	31	61
南昌大学	108	25	39	51	江苏师大	80	49	21	95

从所属系统看，年度项目立项数百强中只有 4 所是非高校，分别是中

国社科院(378 项,1 名)、上海市社科院(119 项,24 名)、中央党校(116 项,25 名)和四川省社科院(53 项,95 名)。军队系统和党政科研机构无单位进入百强。从另一角度说明了高校在社科研究中的优势明显。从排名看,有 30 所部属高校进入 50 强,特别是部分"985 工程"高校社科实力强,如前 12 强全部为"985 工程"高校。有 22 所地方高校进入 50 强,占入选 52 所高校的 42.13%,其中,郑州大学(17 位)、河南大学(18 位)、江西财经大学(20 位)、南京师范大学(22 位)、华东政法大学(24 位)、南昌大学(25 位)、湖南师范大学(27 位)和安徽大学(28 位)8 所高校表现突出,立项数在 100 项以上。

与"十一五"相比,排名前十中变化较大的是南京大学(从排名第 4 升至第 2,与北京大学排名互换),吉林大学(从第 11 位升为第 3 位),山东大学(从第 15 位升为第 5 位),华东师范大学(从第 14 位升为第 9 位),中山大学和南开大学则跌出前十位。50 强中进步较快的还有东北师范大学(进 25 位)、华东政法大学(进 25 位)、南昌大学(进 26 位)、江西师范大学(进 43 位)、河北大学(进 40 位)、西南政法大学(进 19 位)、首都经贸大学(进 70 位)、山东财经大学(进 42 位)和江苏师范大学(进 46 位)。排位退步明显的有湖南师范大学(退 10 位)、清华大学(退 13 位)、湖南大学(退 18 位)、苏州大学(退 11 位)、上海大学(退 14 位)、福建师范大学(退 12 位)和湘潭大学(退 26 位)。

四、项目学科分布

高校系统有管理学、法学、应用经济、中国文学和语言学等 5 个学科,立项 1 000 项以上;有社会学、哲学等 10 个学科,立项数在 500 ~ 1 000 项;有外国文学等 8 个学科,立项在 500 项以下。表 4.3 为高校系统立项年度项目的学科分布。

表 4.3　高校“十二五”国家社科基金年度项目分学科立项情况

学科	高校立项(项)	占高校百分比(%)	学科立项(项)	占学科百分比(%)	学科	高校立项(项)	占高校百分比(%)	学科立项(项)	占学科百分比(%)
应用经济	1 312	8.62	1 534	85.53	图情文献	501	3.29	602	83.22
管理学	1 343	8.83	1 514	88.71	新闻传播	535	3.52	595	89.92
法学	1 325	8.71	1 443	91.82	体育学	530	3.48	541	97.97
中国文学	1 222	8.03	1 308	93.43	外国文学	478	3.14	496	96.37
语言学	1 140	7.49	1 202	94.84	国际问题	334	2.20	465	71.83
社会学	861	5.66	1 033	83.35	宗教学	294	1.93	381	77.17
哲学	883	5.80	1 002	88.12	党史党建	184	1.21	371	49.6
中国历史	798	5.25	935	85.35	世界历史	296	1.95	322	91.93
理论经济	776	5.10	888	87.39	人口学	219	1.44	285	76.84
马列科社	657	4.32	839	78.31	统计学	207	1.36	218	94.95
民族问题	653	4.29	749	87.18	考古学	129	0.85	182	70.88
政治学	535	3.52	693	77.20	共计	15 212	100	17 598	—

从同比增长看，立项数相对少、排名靠后的学科增长较快（中国历史例外），如考古学（239.47%）、人口学（226.87%）、外国文学（168.54%）、新闻传播学（167.50%）、马列科学社会主义（162.80%）、世界历史（161.95%）、民族问题研究（147.35%）、宗教学（137.10%）、中国历史（121.67%）和国际问题研究（116.88%），这 10 个学科高于平均增长率（113.83%）。党史党建（37.31%）、应用经济（44.97%）、理论经济

(70.93%)和政治学(74.27%)这4个学科增长率明显低于平均增长率。

从高校系统各学科立项占学科总数比看,高校系统在体育学(占97.97%)、外国文学(占96.37%)、统计学(占94.95%)、语言学(占94.84%)、中国文学(占93.43%)、世界历史(占91.93%)、法学(占91.82%)和新闻传播学(占89.92%)等8个学科立项占比高,相对其他系统实力强。高校系统在党史党建(占49.60%)、考古学(占70.88%)、国际问题(占71.83%)、人口学(占76.84%)、宗教学(占77.17%)和政治学(占77.20%)等6个学科,立项占比低于总平均比10个百分点以上,说明实力相对较弱。表4.4为高校系统各学科立项数排名前三的单位。

4.4 高校系统"十二五"国家社科基金年度项目各学科立项数排名前三单位

学科	学校及立项数(项)
应用经济	中南财政35　江西财大29　湖南商学院25
管理学	山东财大24　对外经贸23　中南财政22
法学	华东政法70　西南政法60　中国政法45
中国文学	北京师大22　福建师大21　华东师大21
语言学	广东外语外贸26　北京语言21　中央民大20
社会学	人民大学18　华东理工16　南京大学14　北京师大14　华中师大14
哲学	人民大学25　中山大学23　南京大学21
中国历史	陕西师大17　复旦大学17　南开大学16　四川大学16
理论经济	中南财政20　上海财大17　江西财大17
马列社科	东北师大16　人民大学12　郑州大学11
民族问题	中南民大36　中央民大27　西南民大24
政治学	华东政法14　复旦大学12　南京大学11
图情文献	南京大学19　上海大学19　武汉大学18
新闻传播	中国传媒16　人民大学14　华中科大12　复旦大学12
体育学	上海体院25　北京体大22　武汉体院17
外国文学	南京大学12　浙江大学11　南京师大10
国际问题	复旦大学17　上海外语15　对外经贸12
宗教学	四川大学13　南京大学12　云南民大9
党建党史	湘潭大学4　吉林大学4　华南师大4　吉首大学4
世界历史	东北师大16　浙江大学11　南京大学11
人口学	北京大学10　人民大学10　华东师大7　中南财政7
统计学	湖南大学9　东北财大　9　中南财政8　北京师大8　江西财大8
考古学	吉林大学11　四川大学9　郑州大学8

46 所高校单位的学科表现出较强实力。需指出的是,高校系统在党史党建学科排名第一的单位只有 4 项,在所有系统单位排名中第 10;其他学科高校系统都有单位进入前 3 名或者包揽前 3 名。

从学校类型看,应用经济、管理学、法学、中国文学、语言学、理论经济、民族问题和体育学 7 个学科排名前 3 的高校,都是非综合性的行业性高校(财经、政法、师范和民族类等)。其他学科排名前 3 的高校基本上是以文科实力较强的综合性大学为主。

按高校主管部门分,部属高校有 30 所的 57 个学科(占 74.03%)进入前 3 名,南京大学 7 个、中国人民大学和中南财经政法大学各 5 个、复旦大学 4 个、北京师范大学和四川大学各 3 个。中国人民大学 3 个学科,南京大学和东北师范大学各 2 个学科排名第一。地方高校有 16 所的 20 个学科(占 25.97%)进入前 3 名,江西财经大学有 3 个,华东政法大学、郑州大学各有 2 个学科进入;山东财经大学、华东政法大学、广东外语外贸大学、上海体育学院和上海大学等 5 所高校有学科排名首位。

五、优化项目分布的对策建议

国家社科基金年度项目坚持正确导向、突出研究重点,在体现国家水准基础上,坚持综合平衡和扩大惠及范围,体现了年度项目的公益性和带动作用。通过上文分析,这里特提出以下建议。

一是要以国家社科基金年度项目为抓手,提高研究项目质量,打造高校新型智库品牌。高校科研实力雄厚,在社科研究中承担主力军作用,有 86% 以上项目落户高校,同比实力增强。这与高校的研究人员占了全国研究人员的 80% 以上的地位基本符合。高校系统要以贯彻实施《关于加强中国特色新型智库建设的意见》《中国特色新型高校智库建设推进计划》为契机,深化研究体制改革,以年度项目为抓手,提高研究项目质量,推动高质量成果,培养优秀人才,打造高校新型智库品牌,更好地服务党和国家①。

二是要进一步优化高校智库国家社科基金项目类型和地区结构布局。高校的重点项目和青年项目立项的比例偏低,要加大这两类项目的申报质量,提高立项率。最为关键的是,要加大对学术带头人和青年教师的支持和培养力度,充分利用高校的各种科研资源,进一步提升他们的学术竞争力和影响力。从地区结构来看,东部发达地区高校立项数优势明显,中西部地区高校立项稍弱,但潜力不小,增长喜人。西部项目对西部地区和中部部分地区支持力度较大,使西部地区立项情况有一定的改善。建议国家社科基金继续加大对高校系统西部项目的投入力度,推动中西部地区高校社科研究能力的整体提升,服务中西部经济社会的发展。

三是要进一步优化高校智库国家社科基金项目高校间布局。项目的覆盖面扩大,带动了各地高校的社科发展,有更多的高校学者成长为社科研究的"国家队队员"。本科高校立项占有绝对优势,专科和高职院校科研实力有待提升。地方高校与部属高校立项数比为6∶4,从整体上说,地方高校科研水平有一定进步,但与部属高校还是有较大的差距。立项重点单位中,部属高校特别是"985 工程"高校整体优势明显,立项数多;部分地方高校进步较快,有22 所地方高校进入50 强。排名前50 的高校变化不大,但名次有一定的变化,说明立项重点高校发展较快,但也不均衡。立项重点高校多是研究型或研究教学型大学,在国家创新体系中发挥主力军作用,国家有关部门和学校要采取有效措施,进一步提升这些高校的学术影响力和学术话语权,充分发挥作用,服务党和国家工作大局。

四是要进一步优化高校智库国家社科基金项目学科布局。高校系统在经济、管理、法学、文学、历史、语言学、社会学和体育学等立项较多的学科中有较大的优势,这些学科也是高校的传统学科、优势学科和特色学科。在党史党建、考古学、人口学和宗教学等立项数少的学科,高校实力相对较弱。从发展看,高校系统立项数相对少、排名靠后的学科增长较

① 教育部. 中国特色新型高校智库建设推进计划[EB/OL]. (2014-02-28)[2016-08-04]. http://www.gov.cn/gzdt/2014-02/28/content_2625304.htm. 中共中央办公厅、国务院办公厅. 关于加强中国特色新型智库建设的意见[EB/OL]. (2015-01-20)[2016-08-04]. http://www.gov.cn/xinwen/2015-01/20/content_2807126.htm.

快。在各学科立项排名前三的高校中,其中的16个学科排名前三的高校基本上是以文科实力较强的综合性大学为主,特别是"985工程"高校中的综合性大学,它们文科底蕴厚重,实力强大。在经济、管理、法学、中国文学、语言学和体育学等7个学科中,原有的部属行业性大学在其传统特色学科上优势明显,立项数排名靠前。建议各高校保持学科特色,发挥优势,争取有更大的突破。

第三节　中国高校特色新型智库教育部社科项目统计[①]

教育部人文社科研究项目是专门资助高校的高级别研究项目[②]。2003年,教育部启动实施"高校哲学社会科学繁荣计划",进一步加大投入力度,项目资助体系不断完善,规模和资助力度不断扩大。近年来,教育部人文社科研究项目已发展成为由重大课题攻关项目、重点研究基地重大项目、后期资助项目、一般项目、应急(委托)项目等构成的资助体系。其中立项规模最大的是一般项目,包含规划基金、青年基金和自筹经费项目,以及六类专项任务项目:马克思主义中国化时代化大众化专项,高校思想政治工作专项,高校思想政治理论课专项,工程科技人才培养研究专项,教育廉政理论研究专项,科研诚信和学风建设专项[③]。这里我们对2005—2014年期间立项的教育部人文社科研究一般项目[④](以下简称一般项目),利用统计软件,针对申报情况、立项的项目类别、地区分布、依托单位、学科分布等进行分析,考察和揭示一般项目立项现状、变化和发

① 本节是在黄华伟、杨端光撰写的《教育部社科一般项目发展现状——基于2005—2014年立项数据的实证分析》一文的基础上略加修改而成,原载《西南民族大学学报》(人文社科版),2016年第8期,第229—233页。

② 中国高校人文社会科学信息网. 教育部社科一般项目历年资助项目(2005—2014年)[EB/OL]. (2014-04-16)[2016-05-17]. http://www.sinoss.net.

③ 立足创新 提高质量 继往开来——高校哲学社会科学繁荣计划"十一五"成就巡礼[N]. 光明日报,2011-02-28(10).

④ 这里主要讨论规划基金、青年基金和自筹经费项目这三类一般项目(不含西部和边疆地区项目、新疆项目、西藏项目)。其他六类专项任务项目对申请高校有特殊规定,立项数少,不具有统计意义,暂不讨论。

展趋势。所采用的数据均来源于中国高校人文社会科学信息网的通知公告、历年资料等栏目公布的立项情况①。

一、项目总体概况

统计期间,一般项目共申报208 865项,立项25 207项,平均立项率为12.07%。各年申报、立项情况见下图4.1所示。

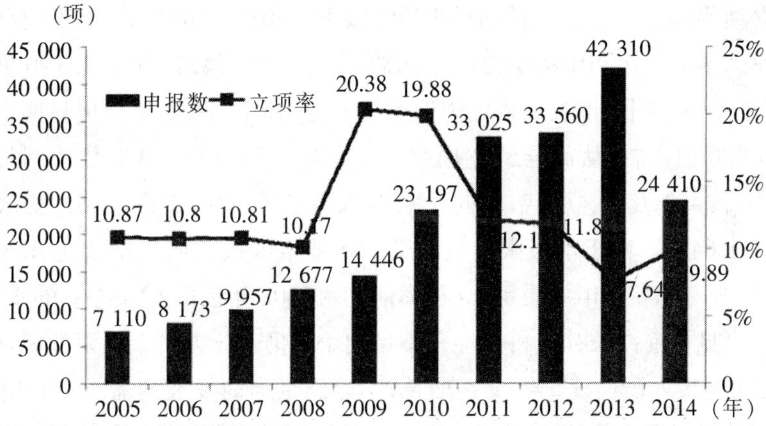

图4.1 2005—2014年教育部社科一般项目申报立项情况

从申报看,2005—2013年逐年增长,从7 110项快速增长到42 310,增长近5倍,年均增长率为24.97%。主要原因是:2009年开始,一般项目逐步扩大到面向全国2 600余所普通高校(含民办高校)组织申报,改变了以往只接受本科高校申报的情况,极大地调动研究人员的积极性和主动性。2014年,为贯彻落实国务院《关于改进加强中央财政科研项目和资金管理的若干意见》精神,经与国家社科规划办沟通,教育部出台新规定,要求申请国家社科基金项目的负责人同年度不能申请一般项目(含专项任务项目);同一申请者也不能以不同题目、不同内容同时两边申报。这一规定的出台,使得多头申报的现象大大减少,故2014年申报数同比减少42.31%。

① 教育部社会科学司.教育部人文社会科学研究项目管理办法[Z].(2006-05-29)[2016-05-17].http://www.moe.gov.cn/srcsite/A13/moe_2557/s3103/200605/t20060529_80514.html.

从立项看,2007 年前立项数不到 1 000 项,之后快速增长,2009 年增长率最高,为 128.39%,2010 年达到最高峰的 4 611 项。之后逐年下降,特别是 2013 和 2014 年下降较快。其中 2013 年减少 740 项,同比下降 18.63%;2014 年减少 815 项,同比下降 25.22%。2005—2010 年立项数增长较快的原因是:教育部繁荣发展计划专项经费从 2004 年的 5 000 万元增长到 2009 年的 4 亿元,而同期申报数没有大幅增长。这使得 2009 年立项率同比增长了一倍,达到 20% 以上。2011—2012 年,由于较高立项率的推动作用和申报学校的全面放开,项目申报数达到了 3.3 万项以上,在经费未同步增长和资助强度保持不变的情况下,立项规模只能保持在 4 000 项左右,从而导致立项率大幅下降。2013 年,申报数达到最高峰,突破 4.2 万项,立项数却同比减少 700 多项,立项率也达到历史最低点的 7.64%。由于申报限项的规定,2014 年申报数同比减少近 1.8 万项,综合考虑项目申报质量,立项率恢复到 2008 年前的 10% 左右的水平。

可见目前高校社科科研经费不足的矛盾仍十分突出。繁荣发展计划 4 亿元的投入已连续 5 年没有增长,不能满足当前发展的需求。2013 年高校社科研究队伍达 48 万人,按 4 亿元科研经费测算,人均科研经费不足 1 000 元/年;按 10 万元一个课题测算,承担课题教师数不到 1%。除 2009 年和 2010 年以外,近 10 年的立项率一直控制在 10% 左右,比国家社科基金(立项率为 13.6%)和国家自科基金(立项率为 20% 以上)都低①②。

二、项目类别与地区分布

近十年一般项目立项类别分布见图 4.2。规划基金和青年基金是主要类别,占总数的 98.8%。自筹经费项目数变少,比重逐年下降,2009 年后降到 0.6% 以下。青年基金占比逐年提高,从不到 20% 增长到 64% 以上,其中 2009 年青年基金数开始超过规划基金数。统计期间,规划基金占 45% 左右,青年基金接近 55%。同时,从申报来看,青年基金仅要求申

---

① 黄华伟."十一五"期间我国高校社科研究现状——基于国家社科基金项目的统计分析[J].情报科学,2012(4).

② 全国高校社会科学科研管理研究会.中国高校人文社会科学研究通鉴(2001—2010)[M].武汉:武汉大学出版社,2013.

请者年龄不超过 40 周岁，对课题组成员没有年龄及专业技术职务限制。而国家社科基金对青年项目的规定则相对苛刻，要求青年项目申请人和课题组成员的年龄均不超过 35 周岁。可见，一般项目支持青年社科工作者力度不断加大。

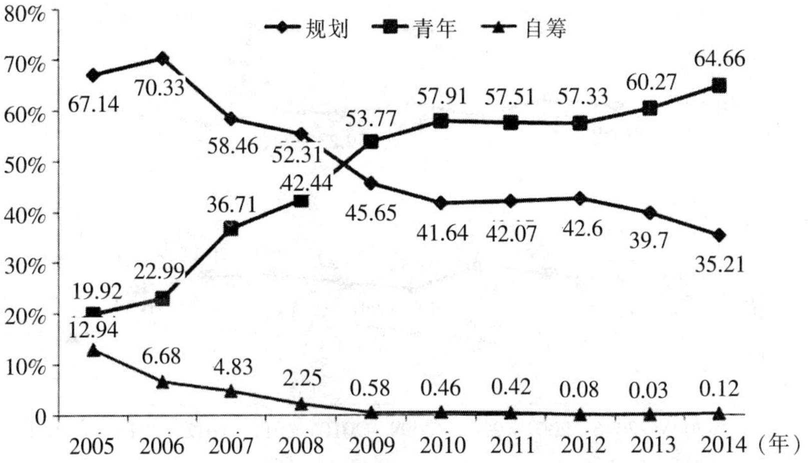

图 4.2　2005—2014 年教育部社科一般项目立项类别分布情况

备注：2009 年以前，自筹经费项目称为专项经费项目。

统计显示，一般项目立项遍布内地 31 个省市区，但分布不平衡。排名最靠前的 10 个省份，8 个为东部沿海发达地区，2 个中部省份（湖北省和湖南省），西部省份无一进入。排名前 5 的分别是：北京市 2 811 项，江苏省 2 358 项，浙江省 2 001 项，广东省 1 966 项，上海市 1 942 项，5 省市立项占总数的 43.95%。可见立项数与各地经济、文化、高等教育等发展密切相关，经济社会发达的地区往往立项数多。东部地区共立项15 106项，占总数的 59.93%，中西部地区共立项 10 098 项，占总数的 40.07%，其中西部立项 3 761 项，占总数的 14.92%。鉴于此，教育部 2009 年始设西部和边疆地区项目，2010 年开始又专设了新疆、西藏项目。按申报规定，西部和边疆地区项目资助范围为重庆、四川、贵州、云南、陕西、甘肃、宁夏、青海、内蒙古、广西十个省区市的高校。新疆、西藏项目专门资助这两个地区高校。西部和边疆地区项目及新疆、西藏项目不单独组织申报，在各方面与其他一般项目相同，只是在评审结果中单独划线，择优确定。据统计，2009—2014 年西部与边疆地区项目立项共 915 项，新疆项目 180 项，西藏项目 29 项。考察发展趋势,图 4.3 显示,东部地区占比总体呈下降趋势,从 2005 年的 67.79% 下降到 2014 年的 61.43%,2008 年为最低年份,占比为 58.81%;中西部地区占比呈上升趋势。2005—2014 年,中部从 21.60% 上升到 24.48%;西部地区从 10.61% 上升到 2013 年的最高峰 16.89%。

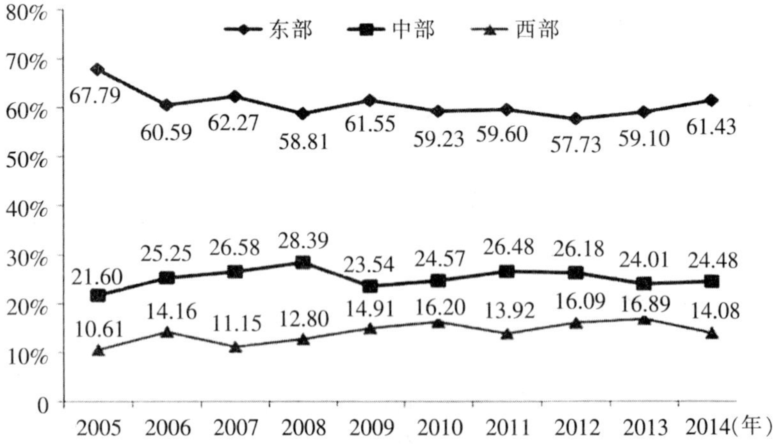

图 4.3　2005—2014 年教育部社科一般项目立项区域分布情况

三、项目单位与学科布局

统计表明,全国共有 907 所高校获一般项目。按办学层次分,其中本科高校 743 所、独立学院 27 所、专科高校 141 所(部分专科学校升本,统计时分时段统计,故总数为 911 所)。这三类学校立项数占总立项数比分别为:98.71%、0.27%、1.01%。根据教育部最新公布的 2014 年普通高校名单①,全国共有 2 246 所高校,其中本科高校 918 所,专科高校 1 327 所,独立学院 287 所。也就说只有 80.94% 的本科高校、9.41% 的独立学院和 10.63% 的专科高校获得过一般项目,这意味着还有 100 多所本科高校、200 多所独立学院和 1 100 多所专科高校从未获一般项目立项。

按主管部门统计,地方高校立项 15 191 项,占 60.27%;各部属高校立项 10 013 项,占 39.73%,其中教育部直属高校立项 8 789 项,占

① 钟秉林. 进一步加大投入 繁荣高校哲学社会科学研究[N]. 中国教育报, 2013-04-11(8).

34.87%。地方高校立项数占比逐年上升,从2005年的不到40%上升到2014年的67.85%;教育部直属高校占比逐年下降,从2005年的56.27%下降到2014年的27.96%;其他部属高校占比基本上稳定,在4.86%上下浮动。

38所985工程普通高校立项5 718项,占22.73%,校均立项150多项。非985工程的71所的211工程普通高校立项5 484项,占21.76%,校均立项77项。其他类别639所本科高校立项13 668项,占54.23%,校均立项21项。

表4.5为立项数排名前20的高校(立项数在200项以上)情况。这20所高校中有18所高校为部属高校(其中暨南大学为国务院侨办所属高校),且立项居前17的均为部属高校,地方高校只有浙江工商大学和南京师范大学。华中师范大学、复旦大学、北京师范大学、武汉大学、华东师范大学排名前五,这5所高校立项数占总数的6.17%。排名前20的高校中,6所是教育部直属师范院校,其中5所分别排名第1、第3、第5、第7、第17位,只有陕西师范大学未进入(立项数129项,居第6位)。属于地方师范大学阵列的南京师范大学排名第20位。

表4.5 近十年教育部社科一般项目立项数排名前20的高校情况

学校名称	总计	排名	学校名称	总计	排名	学校名称	总计	排名
华中师范大学	336	1	北京大学	265	8	中国人民大学	232	15
复旦大学	317	2	中山大学	264	9	中南财经政法	218	16
北京师范大学	316	3	厦门大学	264	9	西南大学	215	17
武汉大学	307	4	吉林大学	255	11	浙江工商大学	207	18
华东师范大学	279	5	山东大学	248	12	浙江大学	207	18
南开大学	278	6	南京大学	235	13	南京师范大学	205	20
东北师范大学	276	7	暨南大学	234	14	—	—	—

各年度立项数排名第一的高校:2005年为复旦大学,24项;2006年、2007年为北京师范大学,30项和34项;2008年为武汉大学,34项;2009年为北京大学,60项;2010年为华中师范大学,61项;2011年为中山大学和复旦大学,各41项;2012年为对外经济贸易大学和东北师范大学,各39项;2013年为复旦大学,42项;2014年为华中师范大学,30项。10年

内有 8 所高校荣登榜首,可见各社科实力强的高校之间竞争激烈。

从学科分布来看,立项数最多的是经济学,共有 3 707 项,不过分年度立项比从最高的 19.86% 下降到目前的 11.27%。排名前两位的经济学、管理学项目数占总数的 28.46%,比排名靠后的 17 个学科总和还多。交叉学科/综合研究立项数增长迅速,排名从开始设立的 2009 年的第四增长到 2012 年后的第一,立项占比从 7.98% 增长到 14.71%,显示出交叉学科/综合研究成为立项资助的重点这一政策导向。排名前五的除交叉学科外都是社会学科,这四个学科占 53.53%。表 4.6 为立项项目所属的 18 个学科分布(立项数在 400 项以上的学科)。

语言学、中国文学、艺术学、马克思主义理论/思想政治教育、历史学等 5 个人文学科占 25.80%,年均立项 100 项以上,但与排名前五的社会学科相比,立项数比例偏低。排名最后的 7 个学科立项数和占比情况为:国际问题 232 项(0.92%)、体育学 156 项(0.62%)、宗教学 145 项(0.58%)、统计学 134 项(0.53%)、考古学 6 项(0.24%)、逻辑学 36 项(0.14%)和港澳台研究 33 项(0.13%)。

表 4.6　2005—2014 年教育部社科一般项目 18 个学科立项分布

学科	各学科立项数占年度%										占总%	立项总数
	2005	2006	2007	2008	2009	2010	2011	2012	2013	2014		
经济学	17.72	19.93	18.77	19.86	16.71	15.25	13.67	13.19	12.28	11.27	14.71	3 707
管理学	14.10	13.70	15.15	14.82	13.96	14.49	13.44	13.52	12.44	13.50	13.76	3 467
交叉学科	4.27	0.11	0	0	7.98	8.63	9.88	13.77	13.52	14.71	9.53	2 402
教育学	8.80	10.08	9.11	8.22	8.32	8.24	8.75	8.66	7.74	9.53	8.57	2 161
法学	8.41	7.70	7.53	7.53	7.91	7.16	7.71	6.39	6.10	4.97	6.96	1 754
语言学	5.95	6.23	6.78	6.28	6.18	6.12	7.33	7.12	7.46	7.83	6.85	1 726
中国文学	6.08	6.91	6.23	6.21	5.88	5.64	5.89	5.19	4.95	4.10	5.51	1 389
艺术学	3.88	3.51	5.11	4.65	3.87	4.29	5.61	5.84	6.10	6.55	5.16	1 300
马义思政	3.49	3.74	4.28	4.34	3.87	4.01	4.09	4.56	4.36	4.35	4.17	1 052
历史学	4.53	4.98	4.83	4.58	4.72	4.53	4.31	3.50	3.53	2.98	4.11	1 036
社会学	2.98	3.17	3.90	3.96	3.23	3.67	2.74	2.67	2.82	2.53	3.08	776
哲学	3.75	3.85	3.72	3.57	2.48	2.58	2.77	2.52	2.51	1.99	2.70	681
新闻传播	1.94	2.49	2.32	2.72	2.51	2.19	2.52	2.32	2.29	2.82	2.41	607
外国文学	2.07	2.27	1.86	1.94	1.56	2.13	1.87	2.09	2.32	2.36	2.04	515

续表

学科	各学科立项数占年度%										占总%	立项总数
	2005	2006	2007	2008	2009	2010	2011	2012	2013	2014		
政治学	2.72	2.49	2.42	3.41	2.58	2.26	1.82	1.51	1.42	1.20	1.99	501
图情文献	1.81	1.70	1.95	2.25	2.04	1.95	1.90	1.71	1.76	1.78	1.88	473
心理学	1.94	2.27	2.04	1.94	1.87	2.02	1.62	1.71	1.61	1.78	1.82	458
民族文化	1.29	1.25	1.39	1.55	1.32	2.02	1.72	1.51	1.79	1.16	1.60	403

需说明的是,“交叉学科”2009 年设置(2005—2006 年为综合学科),是为促进相关领域研究发展而设立的门类,体育学 2013 年设置。除国际问题 2009 年没有立项外,其他学科都有立项。从人文学科、社会科学和交叉学科占比看,人文学科(语言学、中国文学、艺术学、历史学、马克思主义理论、哲学、外国文学、民族文化学、宗教学、考古学和逻辑学共 11 个学科)占 33.10%,13 个社会学科占 57.37%,交叉学科/综合研究占 9.53%,人文学科、社会科学、交叉学科三者比约为 33:57:10。

表 4.7 为学科(立项数在 400 项以上的)排名前二的高校,这 28 所高校的学科表现出较强实力和优势。华中师范大学(社会学和政治学)和北京师范大学(教育学和心理学)有 2 个学科排名第一,其余高校只有 1 个学科。排名前二的高校学科数,华中师范大学有 4 个,东北师范大学有 3 个,北京师范大学、南京师范大学、复旦大学、中国传媒大学和中山大学各有 2 个,其余 20 个高校各 1 个。经济学、管理学排名前二的多是财经类高校,法学排名前二的是政法类高校,教育学、中国文学、马克思主义、外国文学和政治学排名前二绝大多数是师范类高校,交叉学科、新闻传播、民族文化学排名第一的是理工类、语言类和民族类高校,其他学科排名前二基本上是综合类高校。从高校所属部门看,东北财经大学、浙江工业大学、南京师范大学、黑龙江大学、山东财经大学和山西大学等一批地方高校的部分学科优势特色明显。

表 4.7　近十年教育部社科一般项目立项数排名前两位的高校

学科	学校及立项数(项)
经济学	东北财大 86,山东财大 80
管理学	浙江工商大学 64,华南理工大学 56,中央财经大学 56

续表

学科	学校及立项数(项)
交叉学科	浙江工大 32,山东大学 28
教育学	北京师大 78,华东师大 71
法学	中国政法 89,华东政法 61
语言学	暨南大学 41,华中师大 30
中国文学	南京师大 24,西南大学 23,东北师大 23
艺术学	江南大学 35,中国传媒大学 27
马克思主义	东北师大 27,华中师大 23
历史学	复旦大学 31,东北师大 30
社会学	华中师大 18,中山大学 16
哲学	黑龙江大学 26,山西大学 19
新闻传播	中国传媒大学 38,复旦大学 22
外国文学	南京大学 22,北京大学 15,南京师大 15
政治学	华中师大 24,吉林大学 17
图情文献	武汉大学 27,中山大学 23
心理学	北京师大 28,华中师大 25
民族文化	中南民族大学 21,兰州大学 21

四、优化项目布局的对策建议

一是建议逐步提高教育部人文社科项目的立项率和优化项目结构。建议国家要切实加大投入,建立起稳定的教育部人文社会科学研究专项资金,实现立项率恢复到20%。同时完善“繁荣计划”专项资金的经费投入保障机制,不断完善项目资助体系①。青年基金后来居上,规划基金逐步减少,可见一般项目对青年社科工作者支持力度加大,40 岁以下的青年重点申报青年基金。自筹基金项目立项数及占比呈逐年下降趋势,与新一轮高校哲学社会科学繁荣计划精神不相符合,建议取消自筹基金项目,实现项目全部由国家财政资助。

---

① 教育部.2014 年全国高等学校名单(截至 2014 年 7 月 9 日),教育部门户网站[EB/OL].(2014-08-07)[2016-06-26].http://www.moe.gov.cn/publicfiles/busi-ness/htmlfiles/moe/moe_634/201408/173611.html.

二是逐步完善教育部人文社科项目地区分布结构。东部发达地区立项数优势明显,中西部地区立项稍弱。西部和边疆地区项目,新疆项目、西藏项目对西部地区支持力度较大,使西部地区立项情况有一定的改善。建议教育部在实施中西部高校振兴计划等措施时,设立中西部地区专项项目,继续加大支持力度。

三是逐步调整教育部人文社科项目学校类型结构。地方高校与部属高校立项数六四开,且立项居前十七的都是部属高校,说明部属高校社科研究水平整体高于地方高校。地方高校社科力量占全国高校的80%以上,但在一般项目立项上,地方高校还有一定的差距。高校学科发展进入差异化阶段。部属高校的学科优势明显,出现了一大批学科“单打冠军”的高校。部分地方高校学科排名挤入前二。鉴于专科高校和独立学院获一般项目覆盖面很小,建议对这两类高校立项仿照西部与边疆地区项目单独划线,扶持专科高校和独立学院发展,推动相关问题研究。

四是要逐步优化教育部人文社科项目的学科分布结构。社会学科、人文学科、交叉学科三者占比约为6∶3∶1。社会科学类的经济、管理、教育、法学等学科显学位置明显,位居前列。人文学科的语言学、文学、哲学、历史等基础学科立项数较少,建议适度向人文学科倾斜,确保基础理论研究。

第四节　中国高校特色新型智库优秀成果统计①

高校科学研究优秀成果奖(人文社会科学)评奖,是教育部为表彰高校哲学社会科学工作者所取得的突出成绩,鼓励和引导广大科研人员积极探索、勇于创新、严谨治学、铸造精品,深入推进高校哲学社会科学事业繁荣发展的一项重要工作。一所高校获得成果奖数量的多少,一定程度上代表这所高校人文社科研究的质量,也从一个方面展示了这所高校社科成果的学术影响力和社会影响力。我们以第七届高校科学研究优秀成

① 本节是在黄华伟撰写的《高校科学研究优秀成果奖分析——以第七届社科优秀成果奖为研究对象》一文的基础上略加修改而成,原载《中国高校科技》,2016年第8期,第31—33页。

果奖(人文社会科学)(以下简称“第七届社科优秀成果奖”)数据为基础,从获奖成果奖的学科、地区、单位进行统计分析,总结近年来高校哲学社会科学建设成效。

一、优秀成果基本情况

第七届社科优秀成果奖依然实行限额申报,评奖参评成果范围是2011—2013 年期间的成果。各申报单位的申报限额,综合申报时限内该单位的科研成果总数、人均成果数、上一届申报数和获奖数确定,适当向西部地区倾斜。

第七届社科优秀成果奖申报 6 241 项,比上届增加 661 项,增长11.85%;共评选出获奖成果 908 项,比上届增加 78 项,增长 9.40%。获奖成果中著作 590 项,论文 276 项,咨询报告 42 项①。据教育部统计,2011—2013 年高校共出版著作约 7.9 万部,发表论文约 96 万篇,向各级政府部门、企事业单位提交的研究咨询报告约 2.6 万余篇。从数量上看,908 项成果从 106.8 万项中脱颖而出,获奖率为万分之八,体现了少而优的特点。

二、优秀成果地区分布

31 个省市区都有成果获奖,但分布不均衡,北京(233 项)、上海(100项)、江苏(89 项)、湖北(83 项)、浙江(70 项)、广东(58 项)、山东(34项)、福建(33 项)、吉林(27 项)、陕西(26 项)居前十,共获奖 753 项占82.93%。获奖数一定程度上反映了各地区高校的社科研究综合实力。获奖数是与各地经济、文化教育等发展密切相关的,经济发达、人文社科综合实力强和高校多的地区获奖数多。排名前 10 中,有 7 个东部省份、2个中部省份和 1 个西部省份,这 10 个省市其经济教育也较发达,人文社科实力较强的“985 工程”“211 工程”高校众多。

从区域看,东部 11 省获奖 661 项,占 72.80%,比上届高 6 个多百分点;中部 8 省 158 项,占 17.40%;西部 12 省 89 项,占 9.80%。中部 8 省所获的 158 项奖项比北京市一地还少 75 项,西部 12 省 89 项与江苏省获奖数一致。东部获奖级别高,如获一等奖 37 项,占 74%,接近四分之三

① 数据来源于教育部公布的第七届社科优秀成果奖获奖名单整理而成的数据库。为突显获奖成果、获奖单位的影响,分析过程中采用排序和加权的处理方法。

强;有17个省市区无一等奖,其中西部地区就有9个。与上届相比,获奖数(只统计获奖数15项以上的地区)增幅较大的有:天津(41.18%)、上海(33.33%)、江苏(28.99%)、广东(28.89%)和吉林(22.73%)。负增长的有:湖南(-14.29%)、湖北(-5.68%)和山东(-2.86%)等地。

三、优秀成果单位分布

获奖高校198所,比上届增加6所。本届成果奖共有731所高校申报,获奖面27.09%,比上届低1.2个百分点。其中获1项的91所,2项的36所,3项的19所,4项9所,获5~9项的共18所。获10项以上的25所(比上届多3所),共获奖535项,占58.92%(比上届高5个多百分点)。加权分是为了充分反映不同等级获奖成果的水平,综合文献综述,这里采用对一、二、三等奖和普及奖分别给予3分、2分、1分和2分的权重分。北京大学获奖49项,加权77分,继续排名全国高校榜首;北京师范大学获奖43项,加权66分,排名从上届第6上升到第二位;中国人民大学获奖数40项,加权67分,继续居第三位;清华大学获奖34项,加权56分,排名从上届第七位上升到第四位,是获一等奖最多的单位。教育部第七届人文社科优秀成果奖获奖10项以上的见表4.8所示。

表4.8 教育部第七届人文社科优秀成果奖获奖10项以上情况

排名	学校名称	一等奖	二等奖	三等奖	普及奖	奖数	加权	上届奖数及排名
1	北京大学	2	24	23	—	49	77	61(1)
2	北京师范大学	4	15	24	—	43	66	26(6)
3	中国人民大学	3	11	24	1	39	57	40(3)
4	清华大学	5	12	17	—	34	56	21(7)
5	武汉大学	2	7	24	1	34	46	43(2)
6	南京大学	2	6	23	—	31	41	28(5)
7	复旦大学	2	11	17	—	30	45	17(10)
8	浙江大学	1	3	25	—	29	34	29(4)
9	中山大学	1	9	14	—	24	35	15(12)
10	华东师范大学	1	6	12	—	19	27	21(8)
11	华中师范大学	—	5	17	—	22	27	20(9)

续表

序号	学校名称	一等奖	二等奖	三等奖	普及奖	奖数	加权	上届奖数及排名
12	上海交通大学	2	4	12	—	18	26	8(26)
13	吉林大学	1	5	12	—	18	25	11(16)
14	南开大学	—	8	8	—	16	24	12(15)
15	厦门大学	1	4	11	—	16	22	16(11)
16	南京师范大学	2	5	6	—	13	22	8(26)
17	四川大学	2	5	6	—	13	22	15(12)
18	福建师范大学	1	4	6	2	13	21	11(16)
19	山东大学	2	—	8	1	11	16	14(14)
20	陕西师范大学	—	4	7	—	11	15	10(19)
20	浙江师范大学	—	2	8	1	11	14	10(19)
22	东南大学	—	3	8	—	11	14	5(38)
23	西南大学	2	4	4	—	10	18	11(16)
24	首都师范大学	1	3	6	—	10	15	6(31)
25	西安交通大学	2	2	8	—	10	12	10(1 931)

100多所部属高校申报成果，获奖635项，占69.93%，近十分之七；其中教育部直属高校获奖605项，占66.63%，近三分之二。部属高校特别是“985工程”重点高校，人文社科研究基础好，经过多年繁荣发展和哲学社会科学的投入，集中了全国大部分社科精英，成为高校社科研究的领头羊。600多所地方高校申报成果，获奖273项，占31.07%。地方高校获奖10项以上的单位，有南京师范大学（16位）、福建师范大学（18位）、浙江师范大学（20位）、首都师范大学（24位）4所。地方高校社科力量占全国高校的80%以上，获奖数仅占30%，且一等奖、二等奖少。从总体上来看，当前地方高校哲学社会科学的发展正处于从数量增长向质量提升的关键阶段，处于从注重外延扩张向注重内涵提升、能力建设的关键时期。

四、优秀成果学科分布

学科设置与上届没有发生变化。获奖成果分布在26个学科。获奖数排名前五的是经济学、管理学、教育学、中国文学和法学,占总数的46.26%。以经济、管理和法学等为主的十五个社会学科获奖536项,以文学、历史和哲学等为主的十个人文学科获奖333项,交叉学科获奖39项。本着宁缺毋滥原则,思想政治教育、图书情报与文献、国际问题研究、统计学、港澳台问题研究、逻辑学、外国文学和宗教学八个学科,未设置一等奖。

经济学、管理学、教育学、中国文学、法学、历史学、语言学、艺术学和哲学是获奖数最多的九个学科,这些学科是高校人文社会科学领域具有代表性的学科。下面以这九个学科为例,综合考虑获奖数和加权分,对学科实力排名前十的高校的优势学科做一个简要分析。

在这九大学科中,进入学科排名前五的情况:北京大学有七个学科,其中语言学排名第一;北京师范大学有五个学科,其中中国文学和教育学排名第一;中国人民大学有四个学科,其中经济学排名第一;清华大学有三个学科,其中管理学排名第一;华东师范大学有三个学科;武汉大学有法学和哲学两个学科,且都排名第一;福建师范大学有两个学科,其中艺术学排名第一;东北师范大学的历史学排名第一;南京大学、吉林大学、厦门大学、浙江大学和中山大学这五所高校各有两个学科进入;中国政法大学、北京语言大学、中央美术学院、对外经济贸易大学、南开大学、山东大学、上海交通大学、东南大学、华中科技大学、华中师范大学、华南理工大学、西南大学、陕西师范大学、首都师范大学、上海大学和南京师范大学这16所高校各有一个学科进入前五。教育部第七届社科优秀成果奖获奖数学科排名前五,详见下表4.9所示。

表4.9 教育部第七届社科优秀成果奖获奖数学科排名前五情况

学科	学校(获奖项数 加权分值)
经济学	中国人民大学(9项12分)、北京大学(7项12分)、中山大学(6项9分)、南开大学(5项8分)、北京师范大学(5项8分)、对外经贸大学(5项8分)、浙江大学(6项7分)
管理学	清华大学(5项10分)、中国人民大学(5项9分)、华南理工大学(6项8分)、南京大学(3项6分)、上海交通大学(3项6分)
教育学	北京师范大学(11项19分)、西南大学(4项9分)、华中师范大学(5项7分)、厦门大学(3项6分)、南京师范大学(3项4分)、华中科技大学(2项4分)、北京大学(2项4分)

续表

学科	学校(获奖项数 加权分值)
中国文学	北京师范大学(5项6分)、华东师范大学(3项5分)、山东大学(3项4分)、南京大学(3项4分)、吉林大学(2项4分)、中山大学(2项4分)、北京大学(2项4分)、上海大学(2项4分)、福建师范大学(2项4分)
法学	武汉大学(9项11分)、中国人民大学(6项9分)、中国政法大学(6项9分)、清华大学(5项8分)、北京大学(4项6分)
历史学	东北师范大学(3项8分)、北京大学(6项7分)、首都师范大学(5项7分)、北京师范大学(4项7分)、复旦大学(4项6分)
语言学	北京大学(7项12分)、浙江大学(4项5分)、复旦大学(2项4分)、华东师范大学(2项3分)、陕西师范大学(2项3分)、北京师范大学(2项3分)、北京语言大学(2项3分)
艺术学	福建师范大学(3项6分)、清华大学(4项5分)、东南大学(3项4分)、中央美术学院(2项4分)、厦门大学(2项4分)
哲学	武汉大学(5项8分)、复旦大学(4项6分)、中国人民大学(4项5分)、北京大学(3项5分)、吉林大学(3项4分)、华东师范大学(3项4分)

注:每个高校后括号的“项”是指获奖数,“分”是指加权分。

表4.9的29所高校中地方高校只有福建师范大学、首都师范大学、上海大学和南京师范大学四所。与上届相比,中国人民大学的经济学、北京师范大学的教育学、北京大学的语言学,继续排第一。学科排名第一发生变化的有:管理学科由清华大学取代了中国人民大学,中国文学由北京师范大学取代了华中师范大学,法学由武汉大学取代了中国政法大学,历史学由东北师范大学取代了武汉大学,艺术学由福建师范大学取代了南京艺术学院,哲学由武汉大学取代了中国人民大学,这些说明了高校学科之间竞争激烈。

五、改进优秀成果质量的对策建议

一是要进一步强化质量和贡献导向,推出人文社科研究精品。从获奖成果奖看,高校获奖成果研究质量总体较高,反映了2011—2013年高校哲学社会科学研究质量和水平。党的十八大提出繁荣发展哲学社会科学,哲学社会科学创新工程、新一轮高等学校哲学社会科学繁荣计划、加强中国特色新型智库建设的意见等深入实施,显示国家对于哲学社会科学的进一步重视。高校要进一步强化质量和贡献导向,推出研究精品成果,继续在基础理论研究和应用对策研究上创新,推动哲学社会科学繁荣发展,助推新型高校智库建设。

二是要从区域结构上进一步优化高校特色新型智库优秀成果。从不同区域来看,东部地区的高校获奖数占绝对优势,超过三分之二;西部地区和部分中部地区高校获奖数少,西部十二个省区获奖总数不到十分之一,还有五省区只有 1 ~2 项获奖,这些说明中西部地区高校要加强哲学社会科学的内涵式发展,争取在理论创新和社会服务上有突出贡献的更多成果的产出,引领学术发展,推动经济社会发展。

三是要进一步激发地方高校社科研究的活力。从部属高校与地方高校发展看,部属高校特别是"985 工程"综合类高校聚集了一大批国内一流社科专家,学科研究实力雄厚,获奖占十分之七。比较而言,地方高校社科发展相对落后。地方高校特别是中西部地方高校,获奖数少,且获奖等级不高,获奖率仅为部属高校的一半,说明地方高校哲学社会科学的发展要更注重内涵提升和能力建设。地方高校特别是中西部地方高校,应充分利用中西部高校振兴计划等政策,统筹兼顾、协调发展,凝聚优势特色学科力量,汇聚高端人才,产出更多优秀成果。

四是要加强高校哲学社会科学基础研究和基础建设工作。没有有厚度的基础研究,应用对策将不可能有深度和可行性。获奖数排名前五的有经济学、管理学、法学、教育学四个应用学科。这些说明,有关高校要转变观念,在强化应用对策研究和建言献策的同时,继续重视基础理论研究,为决策咨询提供学理支撑和方法支撑。高校哲学社会科学建设要以学科为基础,立足优势特色学科。

五是建议设立全领域的国家哲学社会科学奖。从国家层面上看,国家哲学社会科学奖由于种种原因一直没有设立。鉴于教育部的高校科学研究优秀成果奖(人文社会科学)自 1995 年设立以来,已经评选七届,在评奖方面积累了很多经验,历届获奖成果都具有较高的公信力和影响力。建议将此奖提升为高校系统的国家哲学社会科学奖,扩大其社会影响力。待时机成熟后,在全国哲学社会科学界推广,设立全领域的国家哲学社会科学奖，充分发挥奖励的激励和导向作用，增强社科工作者的使命感和荣誉感，加快推进高校哲学社会科学创新体系建设。

第五节　中国高校特色新型智库人才量化统计①

湖南省优秀社会科学专家奖（以下简称"优秀专家"）、湖南省优秀青年社会科学专家奖（以下简称"青年专家"）、湖南省荣誉社会科学专家（以下简称"荣誉专家"）属湖南省哲学社会科学人才的最高奖，以省委、省政府名义颁发。优秀专家自1998年设置以来，已评选了四届；青年专家自2002年设置以来，已评选了两届；荣誉专家自1998年设置以来，已经评选两届。这些奖项表彰并遴选出了我省一大批优秀老、中、青年社科专家。

一、优秀人才总体概况

研究数据来源于湖南省成果评审委员会提供的获奖专家数据库，采用统计分析方法，利用Excel软件对1998年以来历届评出的省优秀专家、青年专家、荣誉专家进行分析。统计显示三类专家共计108人。四届优秀专家共评选出41人，其中前三届每五年评选一次。两届青年专家共评选出36人，其中第一届评选28人（含确认的湖南省优秀中青年专家8人）。两届荣誉专家共评选出31人，2003年后，未组织评选过荣誉专家。

表4.10　历届湖南省优秀专家、青年专家、荣誉专家评选情况

专家类型	第一届（评选年份）	第二届（评选年份）	第三届（评选年份）	第四届（评选年份）	占总数比
优秀专家	10（1998年）	10（2003年）	10（2008年）	11（2010年）	37.96%
青年专家	28（2002年）	8（2010年）	—	—	33.33%
荣誉专家	29（1998年）	2（2003年）	—	—	28.70%

① 本节是在黄华伟、朱小平撰写的《社科专家结构探析与思考——基于湖南省历届优秀社科专家、青年社科专家、荣誉社科专家数据分析》一文的基础上略加修改而成，原载《图书馆》，2013年第4期，第65—67页。

2009 年,《湖南省哲学社会科学评选奖励办法》开始实行,将省哲学社会科学优秀成果奖、省优秀社会科学专家奖和优秀青年社会科学专家奖合并统称湖南省哲学社会科学奖,规定省优秀社科专家和青年社科专家每 3 年评选一次,评选进一步规范 。

二、优秀人才学科分布

根据湖南省优秀社科成果奖设置的经济、管理、法学、教育、科社、哲学、文学和史学共八大学科门类,这里对各类专家的所属学科情况进行了统计,见表 4. 10。

三类专家所属学科,应用学科的经济、管理、法学、教育类分别有 27、10、8、6 个,共 51 人,占 47. 22%;基础学科的文学、哲学、科社、史学类分别有 21、16、12、8 个,共 57 人,占 52. 78%。其中,经济和文学类专家较多,48 人占总数的 44. 44%。应用学科与基础学科专家人数占比差距不大,说明我省老中青专家总数在基础学科和应用学科发展较为均衡。

从优秀专家所属学科看,应用学科的经济、管理、教育、法学类分别有 11、3、3、3 人;基础学科的哲学、文学、科社、史学类分别有 9、6、4、2 人。经济、哲学和文学专家较多,26 人占总数的 63. 41%。应用学科与基础学科专家人数占比为 48. 78% 和 51. 22%,比例接近,相差不到 3 个百分点。

从青年专家所属学科看,应用学科的经济、管理、法学类、教育分别有 10、7、5、2 人;基础学科的文学、哲学、史学、科社类分别有 5、4、2、1 人。经济和管理类专家最多,占总数的 47. 22%。应用学科与基础学科专家数占比为 66. 67% 和 33. 33%,接近 2∶1。可见湖南省优秀青年专家在基础学科和应用学科上发展不一样,也说明人文基础学科人才成长需要的时间更长些,基础学科专家相对成熟较晚。

从荣誉专家所属学科看,基础学科的文学、科社、史学、哲学类分别有 10、7、4、3 人。应用学科的经济、教育分别有 6、1 人;管理、法学学科没有专家,文学和科社类专家较多,有 17 个占总数的 54. 84%。应用学科与基础学科专家人数占比为 22. 58% 与 77. 42%。这说明湖南省荣誉专家在基础学科实力雄厚,与湖南省文化底蕴深,特别是高校文史哲等传统学科占据学术中心地位密切相关。而管理、法学类没有专家,与学科在国内发展有关,及至 20 世纪 80 年代末,法学、管理学等学科尚处于向国外借鉴学习的起步阶段。

表 4.11 历届湖南省优秀专家、青年专家、荣誉专家学科分布

学科门类	优秀专家	占优秀专家比	青年专家	占青年专家比	荣誉专家	占荣誉专家比	三类总计	占总数比
经济	11	26.83%	10	27.78%	6	19.35%	27	25.00%
文学	6	14.63%	5	13.89%	10	32.26%	21	19.44%
哲学	9	21.95%	4	11.11%	3	9.68%	16	14.81%
科社	4	9.76%	1	2.78%	7	22.58%	12	11.11%
管理	3	7.32%	7	19.44%	—	—	10	9.26%
法学	3	7.32%	5	13.89%	—	—	8	7.41%
史学	2	4.88%	2	5.56%	4	12.90%	8	7.41%
教育	3	7.32%	2	5.56%	1	3.23%	6	5.56%
总计	41	100%	36	100%	31	100%	108	100%

三、优秀人才单位分布

湖南省三类专家108人分属于28家单位,其中湖南师范大学有专家22人,占总数的五分之一强,榜首优势明显。湖南大学和湘潭大学分列第二和第三,分别为14、13人,各占总数的近九分之一。从各单位专家所属学科看,湖南师范大学的文学、哲学、教育学、历史学,湘潭大学的法学和管理,湖南大学的经济,衡阳师范学院的历史,省委党校和省社科联的科社,这些学校的学科专家排名省内榜首,说明该校在该学科聚集了省内一批优秀专家,是学科的人才高地。据笔者统计近10年来获湖南省社科优秀成果奖学科排名首位的单位:湖南师范大学的法学、教育、历史、文学艺术、哲学类等5个学科;湖南大学的管理类和经济类;湖南省委党校的科社类。可见各单位的学科优秀专家和优秀成果奖是相关的,优秀专家多,产生成果就多,见表4.12所示。

28家单位中,有15所高校,9所党政部门,2所社科院(含省社科联),1所党校,1家企业。专家所属系统情况,高校系统79人占73.15%,社科院系统(含社科联)11人占10.19%,党政机关系统11人占10.19%,党校系统6人占5.56%,企业1人占0.93%。根据笔者分析第6~10届省优秀社科成果奖单位分布,其中高校系统占70.27%,社科院系统(含社科联)占6.49%,党校系统占4%,党政机关系统占17.08%。各类优秀专家和优秀成果都以高校居首,这说明高校是优秀专家的主要聚集地和优秀成果的主要产出地。

表 4.12　历届湖南省优秀专家、青年专家、荣誉专家 2 项以上单位及其学科分布

排序	单位名称	优秀专家	青年专家	荣誉专家	总计	占总数比	经济	文学	哲学	科社	管理	法学	历史学	体育学
1	湖南师范大学	10	4	8	22	20.37%	4	6	4	1	—	1	2	4
2	湖南大学	5	5	4	14	12.96%	6	3	2	—	1	2	—	—
3	湘潭大学	5	4	4	13	12.04%	1	4	1	1	2	3	1	—
4	湖南省社科院	4	1	2	7	6.48%	4	—	—	1	—	1	1	—
5	中南大学	2	3	1	6	5.56%	—	2	3	—	1	—	—	—
6	湖南省委党校	4	1	1	6	5.56%	2	—	—	3	1	—	—	—
7	长沙理工大学	1	3	—	4	3.70%	2	—	—	—	2	—	—	—
8	湖南科技大学	1	2	1	4	3.70%	1	1	—	2	—	—	—	—
9	湖南省社科联	2	—	2	4	3.70%	—	—	1	3	—	—	—	—
10	国防科技大学	1	2	—	3	2.78%	—	1	2	—	—	—	—	—
11	衡阳师范学院	1	2	—	3	2.78%	—	—	—	—	—	1	2	—
12	吉首大学	—	2	1	3	2.78%	—	1	1	—	—	—	—	1
13	湖南商学院	2	—	—	2	1.85%	2	—	—	—	—	—	—	—
14	中南林科大	1	—	1	2	1.85%	1	—	1	—	—	—	—	—
15	省委讲师团	—	—	2	2	1.85%	1	—	1	—	—	—	—	—

四、优秀人才年龄结构

历届湖南省优秀专家、青年专家、荣誉专家出生年代的分布,20 世纪 00 后、10 后、20 后、30 后各有专家 1、4、12、21 人,分别占总数的 0.93%、3.70%、11.11%、19.44%,40 后、50 后、60 后、70 后各有专家 8、24、24、4 人,占总数的 7.41%、31.48%、22.22%、3.70%。可见湖南省 30 后、50 后和 60 后的学者相对较多,占总数的 73.15%,近四分之三。对比入选中国校友会网 2011(第三届)中国杰出人文社会科学家名单的学者,30 后、40 后、50 后、60 后、70 后的学者分别占总数的 19.17%、14.08%、28.01%、14.01%、1.80%。湖南省情况与全国情况大致相同。据中南大学蔡言厚教授分析,按照人才成长规律和统计学规律,40 后学者应是最多,然而 40 后学者人数却出现断层,这与我国特殊的历史事件有关。30 后和 50 后学者众多,分别得益于 60 年代初的调整方针和 80 年代初的改革开放政策。历届湖南省优秀专家、青年专家、荣誉专家出生的年代分布

如下图 4.4 所示。

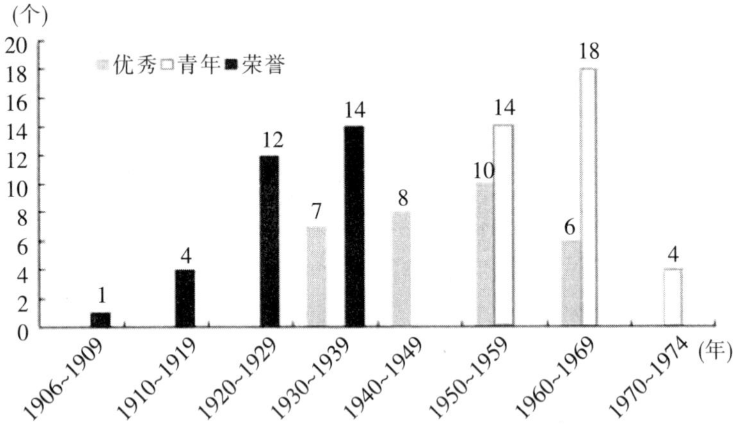

图 4.4　历届湖南省优秀专家、青年专家、荣誉专家出生年代分布

湖南省 41 位优秀专家出生年代分布,30 后和 40 后学者分别有 7 人和 8 人,分别占 22.58% 和 25.81%。50 后学者人数最多,有 20 人,占总数的 32.26%,50 后学者已成为湖南省人文社会科学研究的主力军,特别是第四届,占了当届专家数的 81.81%。60 后的学者崭露头角,有 6 人,占总数的 19.35%。70 后优秀专家暂未出现。

湖南省 28 位青年专家出生年代的分布,从各届看,第一届 50 后和 60 后各占一半;第二届 65 后和 70 后各占一半。60 后学者人数最多,有 18 人,占总数的一半,60 后学者已成为湖南省青年社科研究的主力军,70 后的学者崭露头角,4 人占总数的 11.11%。80 后青年专家暂未出现。

湖南省 31 位荣誉专家出生年代的分布,30 后、20 后和 10 后学者各有 14、12、4 人,分别占 45.16%、38.71%、12.91%,需指出的是,不少荣誉专家已经离世。

图 4.5 为历届湖南省优秀专家、青年专家和荣誉专家当选的年龄分布,可见:40 岁以下、40 ~ 49 岁、50 ~ 59 岁、60 ~ 69 岁、70 岁以上分别有 12、39、16、25、16 人,分别占总数的 11.11%、36.11%、14.82%、23.15%、14.81%。

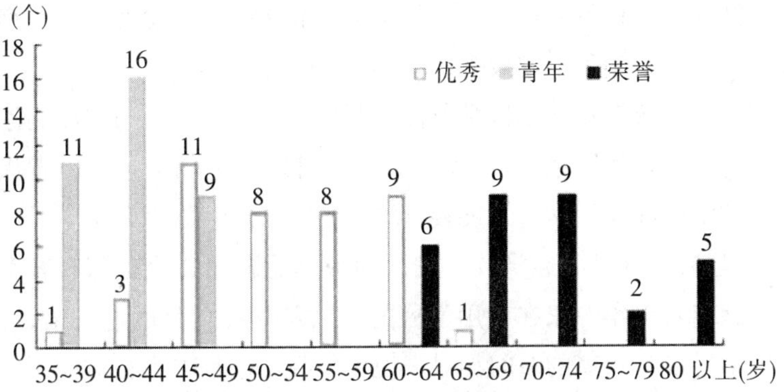

图 4.5　历届湖南省优秀专家、青年专家、荣誉专家当选年龄分布

优秀专家当选时年龄分布,当选时年龄最小的是 39 岁,年龄最大的是 65 岁,相差 26 岁。40 岁以下、40 ~ 44 岁、45 ~ 49 岁、50 ~ 54 岁、55 ~ 59 岁、60 岁以上分别有 1、3、11、8、8、10 个,分别占 2.44%、7.332%、26.83%、19.51%、19.51%、24.39%。当选平均年龄为 53.2 岁。

青年专家当选时的年龄分布,当选时年龄最小的是 37 岁(2 人),年龄最大的是 45 岁(9 人)。40 岁以下、40 ~ 49 岁分别有 11、25 人,分别占 30.56% 和 69.44%。当选的平均年龄第一届为 42 岁,第二届为 40 岁,有年轻化趋势;两届青年专家当选时的平均年龄为 41.5 岁。从青年专家发展看,第一届青年专家有 5 人已成功当选省优秀专家,占第一届评选专家的四分之一。

荣誉专家当选时的年龄分布,当选时年龄最小的是 61 岁,年龄最大的是 91 岁,相差 30 岁。其中 60 ~ 69 岁、70 ~ 79 岁、80 岁以上分别有 15、11、5 个,分别占 48.39%、35.48%、16.14%。当选平均年龄为 71.4 岁。

2011 年 12 月中国校友会网发布的第三届中国杰出人文社会科学家名单中,湖南省共有 24 名,其中有 8 名是省优秀专家,有 4 名是第一届省青年专家。可见当选省优秀专家、青年专家对于这些学者成为中国杰出人文社会科学家起着重要的人才评价作用,提升了专家的学术影响力。

五、加强优秀人才团队建设的对策分析

一是要推进专家在基础学科和应用学科间均衡发展。从三类专家所属学科看,应用学科与基础学科专家数占比为 47.22% 和 52.78%,差距

不大，说明湖南省老中青专家在基础学科和应用学科发展较为均衡。经济和文学类2个学科专家较多，占总数的五分之二强。

湖南省荣誉专家在基础学科优势明显，人才较多，这与浓厚的湖湘文化底蕴有着密切的关系，也与湖南省各学科发展史相关。湖南省优秀专家在基础学科和应用学科发展较为均衡，其中经济、管理和文学类三个学科专家最多，与湖南省经济社会发展和浓厚的湖湘文化底蕴有着密切的关系。湖南省青年专家在应用学科的人数是基础学科的近一倍，说明人文基础学科成为专家的时间相对来说更长些。这是因为相对应用学科团队科研方式来说，基础学科研究更多是“千里走单骑”和“孤独者的思考”个性化的研究方式，成为专家需要更长的时间积淀。因此建议在评选专家特别是青年专家时，适当考虑文史哲等基础学科的特殊性，适当加大基础学科优秀专家评选比例，分类评选。

二是要加大对以高校为主力军兼顾其他系统的社科研究的支持力度。高校是各类社科专家的主要聚集地，优秀专家、青年专家和荣誉专家占比分别为73.17%、80.56%和64.52%，三类专家总占比为73.15%，近四分之三。高校凝聚了一大批老中青优秀专家，一直以来是湖南省社科研究的主力军，且地位还在明显加强，在人才培养、科学研究、社会服务和文化传承创新中具有不可或缺的作用。这与新世纪以来高校实施的“哲学社会科学繁荣发展计划”，各级政府和高校自身加大了对哲学社会科学重视程度和投入力度等政策有关。“十二五”期间，国家哲学社会科学创新工程、教育部哲学社会科学繁荣发展计划（2011—2010）等实施，显示出国家对于哲学社会科学发展的进一步重视，湖南省要继续加大对以高校为主力军兼顾其他系统的社科研究的支持力度。湖南师范大学、湖南大学、湘潭大学和中南大学作为省内社科重点高校，占比比各类专家总数的半数还多。建议进一步加强对省内社科重点高校的支持力度，以产出更多的优秀社科专家，打造全国一流的社科重点高校。

三是要着眼于年龄结构加强人才储备和优化人才布局。从专家当选年龄看，湖南省优秀专家当选时的平均年龄为53.2岁，当选年龄主要分布在46～60岁年龄段。青年专家发展快，当选平均年龄为41.5岁，越来越多的青年专家脱颖而出，成为全省乃至全国的优秀专家。荣誉专家当选平均年龄为71.4岁，相当于终身成就奖。从专家出生年代看，湖南省

30 后、50 后和 60 后的学者相对较多,占总数的 73.15%,近四分之三。特别是 50 后学者显然已成为湖南省社科研究的主力军,与全国情况大致相同。40 后学者人数出现断层,与我国特殊的历史事件有关。30 后和 50 后学者众多,分别得益于 60 年代初的调整方针和 80 年代初的改革开放政策。

四是要进一步优化社科人才激励机制。湖南省以及各社科研究单位要积极营造符合社科人才成长特点的环境,形成尊重专家、宣传专家、依靠专家的氛围。对已经获得各类社科专家荣誉的学者,要进一步加大支持力度和完善配套措施,让获奖专家更有尊严和地位,促成其出产更多的研究成果;进一步向省内外推介专家及其成果,让湖南优秀社科专家立足湖湘、面向全国、走向世界;要加强对社科拔尖人才的培养和引进,让一批又一批优秀的社科专家脱颖而出,进一步发展和壮大社科湘军队伍。从全国看,湖南省评选优秀社科专家、青年专家和荣誉专家,是做得比较早和相对成熟的。根据笔者不完全统计,目前只有不多的省份评选社科专家,如河南省 2000 年开始设置河南省优秀青年社科专家,每两年评选 10 名;广东省 2011 年评选了首届 15 名优秀社会科学家等。省优秀专家和青年专家评选在调动湖湘广大社科工作者的积极性和创造性,开展学术研究,推动理论创新,服务湖南区域发展方面发挥了重要作用,已成为扶持优秀社科人才,繁荣发展社科事业的一项重要激励机制。

第五章
美国智库建设的主要经验及其对中国的启示

第一节　美国智库运行机制建设的基本经验①

美国高校智库作为全球发展历史最久、机构数量最多、成果影响最广的高校智库，是国家软实力的重要承载者。创建于1919年的斯坦福大学胡佛战争、革命与和平研究所（以下简称“胡佛研究所”）是世界公认成立最早的高校智库。根据宾夕法尼亚大学发布的《全球智库报告2015》，美国拥有智库1 835家，世界排名第一，其中75%的智库在高校。在全球排名前10的高校智库中，美国高校就占6席，如哈佛大学的贝尔弗科学与国际事务中心、斯坦福大学的胡佛研究所、约翰·霍普金斯大学的高级国际研究院等，都是享誉全球的著名智库。美国高校智库长期发展中秉持政府拨款与社会资助相结合的资金支持机制、相对独立与非营利性相结合的组织经营机制、政策研究与学术研究相结合的目标导向机制、政府官员与专家学者相结合的人才交流机制、期刊报告与特色活动相结合的成果推广机制学生培养与公众教育相结合的社会责任机制，值得我们借鉴。

---

① 本节是在楚尔鸣、周旭枚撰写的《美高校智库“六结合”机制及其借鉴》一文的基础上修改而成，原载《中国社会科学报》，2017年3月2日，第2版。

一、资金支持:政府拨款与社会资助相结合

资金来源是高校智库运行的基本前提。美国高校智库的资金来源除依托高校的常规性政府拨款之外,其关键特色是社会资助。社会资助又包括两大部分:一是私人捐赠,如胡佛研究所由美国第 31 届总统胡佛捐资创建,还有其他一些私人企业和富豪也对高校智库给予大量捐资支持;二是各种公益性基金会的捐赠,如美国 ADM 基金会、埃克森教育基金会、宝洁基金会、福特汽车公司基金会及洛克维尔国际公司信托基金等,都是高校智库资金的重要支持者。中国高校智库的资金来源除依托高校享有的政府常规性拨款,以及各种竞争性的纵向课题和市场化的横向课题经费之外,一般少有社会资金的直接捐赠支持。

为此,借鉴和学习美国的经验,当前最主要的是要鼓励社会资助,建立健全政府拨款与社会资助相结合的资金支持机制。近年来,高校校友、私人企业和其他团体机构赞助支持高校发展渐成风尚,据中国校友会网统计,截至 2016 年 12 月,全国高校累计接收校友大额捐赠总额突破 230 亿元,清华大学、北京大学、武汉大学、电子科技大学和复旦大学突破 10 亿元。只是这些捐赠一般都是支持高校发展或扶助贫困学生的,极少直接赞助智库机构。今后应鼓励社会资金直接无偿支持高校智库,从而在资金来源方面保持高校智库的相对独立性和非营利性。

二、组织经营:相对独立与非营利性相结合

经营机制是高校智库运行的基本规范。虽然独立性、非营利性、公共性是智库运行的一般原则,但美国高校智库并不与传统基金会形式的智库(如布鲁金斯学会)一样完全独立,而是从属并依托高校,相对独立。这种相对独立性与非营利性的结合,关键在于保障研究成果和政策建议立场的中立性,既不受政府意图的支配,也不受资助者的利益左右,保持研究成果和政策建议的科学性、客观性和公正性,这也是智库的生命力所在。中国高校智库的相对独立性虽然优于官方智库,但囿于资金来源渠道的约束,特别是在某些横向课题的政策取向上,或多或少地留有政府意图或出资人意志的痕迹。

三、目标导向:政策研究与学术研究相结合

目标导向是高校智库运行的基本战略。虽然政策研究是各类智库共同的战略目标或研究取向,但美国高校智库却坚持政策研究与学术研究相结合的双重目标导向。一方面,遵循一般智库的共同特征,以政策研究为重要战略目标,如普林斯顿大学高等研究院的《普林斯顿计划》,对美国的外交政策特别是奥巴马总统的重返亚太战略产生了深远的影响;胡佛研究所一直是里根、布什政府的智囊团,并帮助里根总统形成了具有里程碑意义的国防部改组法案等。另一方面,美国高校智库也遵循了高校学术研究的传统,从而将高层次、高质量、高水平的论文成果定为基本的战略目标。这些论文既是高校智库政策研究理论和方法的重要支撑,又是高校智库扩大社会影响力的重要源泉。中国高校智库通常局限在职称评价体系的象牙塔中,多以学术成果为研究导向,现实的政策研究及运用则明显不足。

当然,政策研究和学术研究并非是对立或者不同的两个领域。高水平的政策研究不仅是学术研究的一部分,更是理论研究发展所不可缺少的经验来源和动力。目前,中国的区域研究和问题研究十分薄弱,而且,中国还面临着诸如如何处理与世界的关系、在国际利益不断扩大的情况下如何作出有效的战略应对等现实问题,这都需要国际关系学术界加强和发展高水平、学术性的政策研究。借鉴美国新型智库运行机制的经验,要健全政策研究与学术研究相结合的目标导向机制,重视政策研究。虽然近年来各高校加强了政策应用成果的考核与激励,但高校研究人员对政策研究的热情仍然不高,高校智库与政府决策部门之间的沟通传递渠道仍然不畅。今后高校应该进一步重视和持续激励政策研究,并着力打造高校智库成果发布平台,不断提升研究成果对政府决策的影响力。

四、人才交流:政府官员与专家学者相结合

人才素质是高校智库运行的基本要求。美国高校智库的“旋转门”

机制①是团队人才交流与素质保障的典型特色②,既鼓励离任政府官员到高校智库从事研究工作,如约翰·霍普金斯大学高级国际研究院院长由离任的世界银行副行长杰西卡·埃因霍恩担任,哈佛大学贝尔弗科学与国际事务中心更是汇集了一批来自政府部门、外交机构及企业等各个领域的专家和研究人员。与此同时,前克林顿政府的财政部长劳伦斯·萨默斯担任哈佛大学第二十七任校长,前副总统阿尔·戈尔在美国多所大学中出任访问教授,曾在多届共和党政府中担任要职的莱斯利·伦科夫斯基在印第安纳大学重新拾起了教鞭,曾任小布什政府环境保护署副署长的吉姆·巴恩斯回到了印第安纳大学教授环境法课程。另一方面,美国又鼓励高校智库团队人员到政府部门任职,如美国前国务卿舒尔茨及赖斯、美国前总统里根等都曾在胡佛研究所担任高级研究员。这种政府官员与专家学者相结合的研究团队既保障了研究成果的针对性和可操作性,又保障了研究成果的前瞻性和科学性。中国政府官员很少有离任官员到高校智库从事研究工作;同时由于公务员制度的推行,也使高校智库研究人员难以到政府部门任职或兼职。

借鉴美国的经验,我们要加强政府官员与专家学者相结合的人才交流。目前我国虽然已有高校研究人员到政府部门任职,离任政府官员也有少数进入高校智库工作,但这种机制并未制度化和经常化。今后应进一步改革和强化政府官员的任期制度,进一步改革公务员制度,实现高级研究人员与政府官员的双向交流,形成中国特色的“旋转门”机制。政府官员退休或离职之后进入企业或者学校任职现象的出现,是现代社会发展以及公共管理环境变迁的必然。政府官员离退职后到高校任职,表明封闭的官僚体制被打破,官、产、学三者之间的流动机制正在形成。官员到高校任职,有助于在高校与政府之间形成特定形式的人才互动机制,既是对人力资源的有效利用,也有利于高校智库学术研究和人才培养。当前形成中国特色的“旋转门”机制,需要严格把好公务员“入口关”和开启公务员“出口门”,要逐步形成国家机构中的公务员与其他身份人才的双向互动机制,实现增强专业身份意识与淡化“官职”身份色彩的统一。

---

① 政府官员退休或离职之后进入企业或者学校任职的现象,被西方公共行政专家称为“旋转门现象”。

② 卸任或退休的政府官员受聘于大学在国际上屡见不鲜,尤以美国最为活跃。

五、成果推广:期刊报告与特色活动相结合

成果推广是高校智库运行的基本内容。美国高校智库的研究成果往往会通过自己主办的期刊、专题报告或学术专著等送达政府部门和学术机构,并尽量加强宣传以使研究成果影响政府决策,但更为值得关注的是围绕研究成果举办的各类特色活动。如胡佛研究所的研究人员通过参与电视访问、电台节目、周日论坛、网络新闻等来共享研究成果和发布最新研究课题;普林斯顿大学高等研究院与世界银行、联合国、国际货币基金组织、欧盟等机构共同举办专题研讨会议、国际学术会议、政治分析会议等,对学术界产生深远的影响;加州大学21世纪中国研究中心举办东北亚合作对话,将中美日俄朝韩六国的重要政府官员、知名学者和安全问题专家聚集在一起,讨论各方所关心的政治、安全和经济问题,具有广泛的社会影响力。中国高校智库的成果推广往往还依赖于学术刊物和学术会议,不仅给政府呈送研究报告的渠道不畅,而且专题活动也难以形成较强的社会影响力。

中国高校智库由于起步较晚,许多运行机制还不顺畅,但在十八届三中全会和教育部发布《中国特色新型高校智库建设推进计划》后,迎来了发展的良好历史契机。参照美国高校智库运行的期刊报告与特色活动相结合的成果推广机制,我们认为,在中国高校智库的培育和发展过程中,要不断创新组织活动。高校智库除通过各种传统专业媒体如专业杂志、学术专著,以及传统活动如学术会议、专题论坛等进行成果推介,还应根据网络、微信等新媒体的特征,创新组织活动内容和形式,扩大成果的社会影响力。

六、社会责任:学生培养与公众教育相结合

科普教育是高校智库运行的基本责任。美国高校智库不同于一般专业研究机构,除了研究生培养,还承担了科学普及、教育公众的社会责任。如胡佛研究所除了开设研究生课程、为年轻学者提供实习项目、对内部研究人员进行培训,还通过出版《教育未来》杂志,推广研究人员的新文章和音像作品等,使社会公众对政府政策进行深入的、广泛的思考,达到科学普及和教育社会公众的目的;贝尔弗科学与国际事务中心则借助传统

的纸质媒介和新媒体,开设不同的网站论坛,既表达研究人员的主要政策观点,又供公众发表政策主张,形成研究人员和普通大众的互动,从而影响和把握社会舆论。

我国高校智库虽然在本科学生培养、研究生教育等方面既形成了人才培养规模,又形成了特色教育模式,但在科学普及、公众教育方面并未引起足够的重视。今后,高校智库应积极承担社会责任,充分利用大众传媒,构建学术界、政界、新闻界以及社会公众之间的互动纽带,将研究成果和重要观点及时传达至社会公众,不断提升国民科学素质,把握和引领社会思潮与社会舆论。

第二节　美国智库经费运营及其对中国的启示[①]

高校智库是研究型大学服务国家重大决策的重要平台,而科学的经费管理是高校智库发展的核心环节。美国高校智库正是凭借其完善合理的经费管理模式,保障其科研成果质量,提升其智库的影响力和地位。通过对美国几大高校智库年度财务报告的分析,从经费管理的收入、支出、资金营运等方面分析美国高校智库经费管理的模式及其运行,以期为中国高校智库的经费管理模式提供一些有益启示。

一、美国智库经费筹集模式

和企业类似,智库的运营需要充足的资金作为保障手段,有投入才有产出,资金投入决定了高校智库的财务状况。笔者试图通过美国几大高校智库的年度财务报告,来分析美国高校智库的筹资方式。

美国高校智库往往探求多元化的筹资渠道,其中企业和基金会的资金支持占很大一部分。以斯坦福大学胡佛研究所为例,2013—2014 年度胡佛研究所财务报告如表显示,其基本预算收入为 5 613.3 万美元,其资金来源主要是财团和基金会的支持。具体情况如表 5.1 所示。

① 本节是在唐丽伟、董石桃撰写的《美高校智库经费运营及其启示》一文的基础上修改而成,原载《中国社会科学报》,2016 年 4 月 14 日,第 2 版。

表 5.1　2013—2014 年度胡佛研究所财务报告

资金来源	金额(百万美元)
胡佛支持者资助	32.967
斯坦福大学基金	0.660
养老基金	22.048
各种公共资金	0.458

在美国,基金会和各大财团对于智库研究的支持也是乐此不疲,原因在于:在美国政治中,金钱可以通过多种渠道被用来表达政治诉求和政治立场。这种情况在美国高校智库中较为普遍。

此外,美国高校智库的资金来源较为稳定,即使是在经济不景气的年代里,基金会和大财团对智库的资助也不会大幅缩减。美国高校智库的收入大致是逐年增长的,不论在何种条件下,高校智库的资金都会得到必要的保障。以哈佛大学费正清中国研究中心(Fairbank Center for Chinese Studies)为例,中心在 2014 财政年度报告里的财务收入增长率表明:从总收入来看,2014 年财政收入比 2013 年增长了 1.1%。其中包括学费增加 3.5%和财务预算援助计划,赠款的收入增加 3.2%。

另外,作为大学中的智库,智库本身与大学联系密切,在很多方面,智库与所在高校的资源是可以共享的。比如,2014 年哈佛大学在费正清中国研究中心物资和设备投入的成本同比也增长了 15%,即近 900 万美元。这些投入的增长主要反映在增加投资、图书购入和发展活动等方面。作为依托于大学存在的智库,高校与智库的优势资源共享与资金物质合作,提升了两者的研究水平和地位,推动了两者在教学质量、学科优势、人才资源、学术环境和研究质量等方面的互相支撑。

二、美国智库支出运营管理

美国高校智库的资金支出比重主要在项目费用上。以胡佛研究所为例,调研和学术费用、物资设备费用占总支出的相当一部分,这方面的支出便是服务项目研究经费,包括增加研究奖金,推出新的研究项目,项目调研、监管和法治费用,扩大奖学金费用,在图书馆和档案馆中的资料使用、引入综合数字项目,管理胡佛研究所网站等。另外,胡佛研究所和斯坦福大学在财务上有着较大的关联。胡佛研究所与斯坦福大学的合作主要是通过储备金的形式,如此保障了两个机构的研究项目以及在其他方面研究建树的可能条件。另外,胡佛研究所对于自身认为重要的研究方向,往往采取预先投资的方式,来保障下属的研究机构长久关注有价值的研究方向。总之,资金决定智库研究成果的质量,美国高校智库的费用支出直接说明了美国高校智库为何能够对美国的政治、社会,甚至是世界局势产生重大的影响。

对研究项目的宣传也是美国高校智库财务管理中的重要一环,美国高校智库对此采取了积极有效的手段。学术成果宣传方面也可以带来智库的收入,因而对智库发展十分重要,在 2013—2014 年度,胡佛研究所获得了 458 000 美元的利息、期刊和出版物收入。所以说,智库通过网络媒体、期刊、节目访谈等一系列手段能够为自身做很好的宣传,同时也为智库成果的影响力提升以及智库未来的发展带来很好的收益。从每年增长的相关资金来看,美国高校智库对这一点是十分关注的。

智库财务管理中的另一个重要方面则是利润分配管理。从各大高校智库的财务报告中可以看到,美国高校智库资金支出中,员工福利和工资支出所占比例是相当大的。例如,胡佛研究所实行联合聘任制,由胡佛研究所和斯坦福大学共同聘任研究人员,研究人员因此可以获得来自斯坦福大学和胡佛研究所双方共同支付的工资。科研人员优厚的工资以及福利水平不断提高是智库发展的重要保障。即使在年财政增长幅度较小的情况下,智库项目费用和研究人员的支出还是稳定增长的。

当然,高校智库开支的另外一个方面是对学生培养的投入,比如普林斯顿大学威尔逊公共与国际事务学院(Woodrow Wilson School of Public and International Affairs, WWS)下的普林斯顿——哈佛中国和世界项目中心(Princeton - Harvard China and the World Program,CWP)就投入大量资金用于研究生的培养,该机构对研究生申请奖学金进行审查,这些申请项目是和中国与世界项目或者国际安全主题有关,如果通过的话,研究生能够获得大致 2500 美元/年的资助,通过这种资金资助的方式可激发研究生对中国和世界项目的研究热情。

三、美国智库资金运营的启示

财务和资金管理是影响我国高校智库发展的重要因素,目前而言,我国高校智库的资金来源比较单一，支出和运营方面不透明。借鉴美国高校智库财务管理的有益经验，推动我国高校智库财务管理模式的科学发展，应该突出如下几点。

1. 开拓智库资金筹集的多元化渠道

面对日益发达的市场经济，吸引企业资本投资是智库发展的必要手段。首先，可以采取企业合资的方式，试水智库投资，参照公司股份制的形式参与，以分红的形式获得收益，让初步接触高校智库的企业形成一个缓冲期。政府应该促使企业能够与高校充分接触，推动企业和高校智库之间的合作共赢。其次，吸引民间社会团体资本和学术资本加入，将民间资本和高校智库的学术优势融合到一起，分享成果。同时要建立高校智库发展的投融资机制，建立投资智库的中国式基金。另外，应鼓励智库自身通过举行公共活动，吸引社会资金支持。

2. 凸显项目研究在经费支出中的主体地位

要完善高校智库项目研究的财务管理运行机制，建立多层级、独立的财务管理制度。财务部门对项目研究期间的资金流转、消耗进行监督、评估，根据项目研究需要调整预算方案。要逐渐分离智库与所属高校的财务职能，减少对国家财政支持的依赖。同时，建立智库竞争机制，将高校智库的产出视为市场化的需求，允许学术经济效益的存在。简化编制制度下繁杂的手续程序，注重提升项目研究的执行能力，用实际财务收益带动智库项目运行机制的有效转运。此外，还应推动高校智库财务拥有的资金的自主运行，为智库的后续发展带来短期或者长期的效益。要完善智库项目研究支出的公开制度。美国高校智库每一年度都会发布上一年度的财务报告，包括这一年度资金的实际支出情况，具体到每一项目的支出金额，而且报告一经公布，公众就可以通过网站或者其他资料直接查询。除了一些涉密的军方项目，美国智库的财务状况基本都可以在年报中找到。而我国高校智库在资金使用公开方面还不够透明，这就影响了智库的财务公信力和企业、社会团体投入的动力。为此，需要增强高校智库资金支出的透明度，列出每一项资金支出的明细，经得起社会的监督，不断提升高校智库的社会公信力。

3. 将研究人员的待遇激励放在突出位置

加快特色新型智库建设，必须重视加大对智库成果宣传手段的投资力度。美国高校智库充足的资金保障各类项目开展社会宣传,以扩大智库本身的社会影响力。其加大智库宣传力度的举措主要包括智库网站建设和期刊、研究成果的宣传。国内高校智库这方面还有较大的改进空间,国内的高校智库网站,除了最新的成果展示和机构介绍外,其他资料比较缺乏,而且资料更新速度较慢。好的研究成果不仅需要资金的支持,更需要优秀的科研人员,因而激励科研人员也是提高智库成果质量的关键。美国高校智库大都为研究人员提供了较为优厚的待遇,美国高级智库研究人员的年均收入是15万~20万美元,还不包括项目研究的"提成"收入,属于中高收入行业。而我国智库高级研究人员的收入相对较低,年轻研究人员则更低。我国高校智库需要通过有效的资金运营,保障研究人员的工资和福利,以使他们可以全身心投入到研究之中,让科研人员的研究可以换来精神和物质的双丰收。

第三节　美国智库建设促进软实力提升的经验①

现代社会是思想制胜的社会,现代国家建设既涵盖了现代文化建设的成分,也有赖于思想文化的柔性支撑。在国际竞争合作中,当经济、军事等硬实力业已成型时,科技、文化等软实力的功能就愈加凸显。总的软实力态势对谁有利,谁就能在国际社会中占据有利地位。处于信息化、全球化纵深推进的时代,智库建设已成为国家软实力提升的重要环节。智库实力作为国家软实力的重要象征,不仅对国家发展道路有着重要的战略引领作用,而且对国际话语权的掌握有着不可替代的功效。目前,全球顶尖智库基本上汇聚于欧美国家,这些智库对欧美国家软实力提升有着众多可圈可点之处。基于对当今全球发展的科学研判与软实力态势的战略分析,国家出台《关于加强中国特色新型智库建设的意见》,从国家战略层面提出加强中国特色新型智库建设。面对轰轰轰烈烈的智库建设热潮,我们不能闭门造智,欧美国家智库建设能为我国智库发展提供有益的

① 本节是在盛明科撰写的《博采众长 开门造"智"》一文的基础上修改而成,原载《湖南日报》,2017年9月5日,第8版。

参照系。

一、在内外联动上把握现代智库的功能

为何现在各国如此重视智库建设？这是处于知识社会的我们不得不思考的问题。从人类社会发展的历时性考量，或许正是因为先秦诸子百家的思想争鸣，才有了中国两千余年的封建统一；也或许正是由于18世纪文艺复兴运动的思潮，才加快了西方工业革命的进程，奠定了西方国家如今的发达地位。时至今日，国与国之间思想文化层面的比拼日益激烈，任何拥有发展志向的国家，均想创造出繁荣灿烂的文化图景，以谋求全球治理进程的话语主导权。智库建设正是其中的重要体现。这是因为，智库不仅能从多层面多维度多领域影响公共政策制定、引导公共舆论走向，而且更是国家软实力的显著标志。

从国家层面看，公共政策的制定需要智库的智力供给，公共舆论的走向需要智库的理性引领。一方面，任何政策的出台均不是领导层闭门苦思之果，而是通过专业人士对社会发展态势的研判，提供理论知识的指导，才得以达致政策的科学性。现代智库集聚了高水平的智力资源，尤其是大型高端的综合性智库，其研究领域几乎囊括社会发展的方方面面，其研究成果在一定程度上预示着各项政策的流向，对公共政策的智识影响显而易见。另一方面，在网络信息时代，社会流动性日渐加快，舆论传播渠道也越来越广，而社会的和谐稳定，亟须智库机构对舆论走向的知识引领。这集中体现在政策解读、决策监督、激发公众参与等方面。从国际层面看，与其说国家软实力涵盖了智库思想建设，不如说智库建设在国家软实力提升上的作用更为显著。智库在公共政策及公共舆论方面的功能，在某种程度上亦是国家软实力的缩影。这是因为，政策科学程度如何、舆论流向怎样，事关国家发展全局，甚至影响国际认知，成为国家竞争合作的重要标尺。

二、在突显特色上发掘智库建设的经验

欧美国家智库具有发展起步早、成果质量高以及国际影响力大等特点，对国家软实力的提升有着其他组织难以比拟之处。这种卓越贡献既得益于深厚的历史基础，也在于发达的经济支撑，但从现实来看，更由于

其自身独有的内在特质及发展模式。这集中表现在保持相对独立性、健全治理结构、强化竞争市场三个方面。

首先,以智库本身的独立性确保智库成果的客观性。欧美国家智库成果的卓有成效与智库自身的独立性有着较强的相关性。这种独立性体现在:在交往联系上,不依附于任何利益团体或政府机构;在生产智库产品时,也不附带任何政治色彩,仅仅追求客观事实的公平公正;在资金获取上,欧美国家智库有着稳定、多元化的资金来源渠道,并不依赖于政府或某一企业。其次,以科学的治理结构保证运行的稳健有效。内部结构机制的科学合理性,为智库外部发展夯实了内在基础。一般认为,"旋转门"机制是欧美国家智库建设的亮点所在。因为,这一机制使得智库与公共部门之间能够良性互动、有序衔接,实现了智库研究和公共实践的有机结合,既为公共部门的实践提供了理论支撑,也为智库研究提供了相应的实践需求信息。最后,以健全的竞争市场扩大智库品牌效应。倘若说资金是智库发展的物质支撑,那么其成果则是智库赖以生存的根本所在。欧美国家智库拥有一个较为完善的竞争市场,其产品大多属于市场化运作模式。如果任一智库试图在思想市场上占据较大份额,那么,它必然要在提升产品质量的基础上着力推销智力产品,以谋求用户认同,进而获得发展资源。否则,等待它的将是被市场淘汰。事实上,这种市场机制体现在产品的宣传推销、应用转化以及效果表达等方面,是多重要素系统融合的结果。

三、在立足国情上汲取智库建设的启示

尽管我国已是世界第二智库大国,但这仅仅是数量上的呈现,并未触及深层次的质量层面。应当承认,我国智库成果的质量与欧美国家相比仍有一定的差距。这并非知识水平上的差异,而是须从智库建设上探析差距形成的动因。通过简述欧美国家智库建设的经验,我们可以透视其中的奥秘,其保持独立性、完善治理结构、建立竞争市场的做法值得借鉴。但这并不是说要简单照搬欧美国家智库建设模式,而是要在立足我国基本国情的基础上予以合理的吸收,探寻一条具有中国特色、有助于提升国家软实力的新型智库建设道路。

一是在党的领导下提升智库独立性。智库作为社会场域中特有的组

织实体，具有公共性、知识性、开放性等组织特质。我国现代智库建设必须坚持以服务人民的根本利益为宗旨，以增强智库产品的科学性为目标。因此，其运行模式是一个开放演化、动态完善的过程，不可避免地受到其他组织的影响。在建设新型智库的进程中，不能机械地强调智库的独立性，不能过于受到体制的束缚，但要反对对所谓"中立""独立"原则的盲从，应在坚持"党管智库"原则前提下保持智库的相对独立性。这种相对独立性能够适应我国特有的政治体制，又不同于西方的智库独立性。事实上，从治理结构、利益集团俘获、资金捐赠途径等来看，欧美绝对独立和中立的智库也是不存在的。新近欧美一些智库"党性"增强、向政治组织发展趋向也正说明了这一点。

二是建立中国特色的智库治理结构。要想激发智库的内源活力、释放智库的知识能量，必然要优化智库的治理结构，这是智库建设的核心要义所在。要精准把握智库建设规律，针对各类智库制定差异化的外部政策供给，促进智库运行的供需对接、成果研究协作、评价机制完善、智力成果转化。要健全智库内部组织架构与议事制度，完善智力内部管理和科研激励机制，建立理事会或决策咨询委员会的业务管理体制。欧美国家的"旋转门"治理机制或许并不适用于我国智库建设，但我们可以在智库日常管理、人才机制上既吸收其有益的经验，又保持我们独有的特色。

三是探索智库产品的市场竞争趋向。智库之质在于智，只有实现智库的市场化走向，才能切实提升智库产品的质量。目前，我国各类智库的资金来源多是政府的财政拨款，这非但不足以激发智库的知识创造活力，反而会导致智库建设的两极分化倾向。鉴于此，应当在我国建立智库竞争市场，不依据智库的类型、大小拨付资源，而是通过公开招标、项目竞争的形式，以智库成果的科学性、前瞻性、应用性为标的，实行智库的合理有序竞争。

第四节　中美比较视阈下顶尖智库建设及其经验分析①

随着经济全球化、世界多极化和社会信息化的深入发展，智库作用正日益凸显，特别是在服务政府战略决策、推动经济社会发展、积极参与全球治理和增强国际话语权等方面，都需要智库提供必要与及时的思想支撑和智力支持，为弥合知识与决策之间的鸿沟贡献专家智慧②。智库，也称“思想库”，英文是“Think Tank”，即为公共政策决策提供创新思想、理论、策略、方法和方案的公共政策研究机构，实际上是现代型智囊机构③。2015 年，中共中央办公厅、国务院办公厅印发了《关于加强中国特色新型智库建设的意见》（以下简称《意见》）。中国特色新型智库建设进入一个高潮，逐步上升为国家战略④。美国是智库大国，也是智库强国。由美国宾夕法尼亚大学“智库与公民社会研究（TTCSP）”项目发布的历年全球智库报告可见，美国智库无论在数量上还是质量上都占有绝对的优势，因此对比分析中美两国顶尖智库的特点，对我国特色新型智库的建设和发展有借鉴意义。

一、数量及类型比较

依据《2015 年全球智库报告》中的分项榜单“全球顶尖智库”，选择入选此榜单的 24 家美国智库作为美国智库典型案例。考虑到国外智库研究可能存在对国内智库认知的偏差以及中国智库上榜数量较少等情况，因此，中国 24 家智库案例的选取综合考虑了上海社会科学院智库研究中心发布的《2015 年中国智库报告》（选择国内综合排名前 14 的智库）和

---

① 本节是在杨思洛、冯雅、韩雷撰写的《中美顶尖智库比较分析及其启示》一文的基础上修改而成，原载《智库理论与实践》，2016 年第 1 期，第 15—24 页。

② 上海社会科学院智库研究中心项目组．中国智库影响力的实证研究与政策建议[J]．社会科学，2014(4)：4－21.

③ 王辉耀，苗绿．大国智库[M]．北京：人民出版社，2014.

④ 2004 年 1 月，《中共中央关于进一步繁荣发展哲学社会科学的意见》要求哲学社会科学界成为党和政府工作的“思想库”和“智囊团”。2007 年 10 月，党的十七大报告首次将思想库的作用写进党代会报告，党的十八届三中全会提出“加强中国特色新型智库建设，建立健全决策咨询制度”。2015 年 11 月，中央深化改革领导小组第 18 次会议讨论通过《国家高端智库建设试点工作方案》，提出要着力建设一批“国家亟须、特色鲜明、制度创新、引领发展”的高端智库，更好地服务党和国家工作大局。

《2015 年全球智库报告》中两个分项榜单“全球顶尖智库”(选择入选该榜单的 9 家中国智库)、“中日韩印度顶尖智库”(由于入选该分榜单的中国智库与上文已选择的 23 家智库有大部分重合,因此选择筛除掉重复智库后,再选择排名最靠前的 1 家中国智库)。以此 48 个智库为案例,对中美智库发展进行对比分析,具体分析其数量类型、运行模式、研究领域、服务方式和网络应用状况等,希望给中国特色新型智库的发展带来启示。

1. **顶尖智库数量的比较**

在《2015 年全球智库报告》中,全球排名前 10 的顶尖智库,有 6 家属于美国,其中美国布鲁金斯学会(Brookings Institution)从 2006 年至今,连续 10 年蝉联全球顶尖智库榜首①。值得注意的是,中国智库数量众多,但顶尖智库数量较少。而入选“全球顶尖智库”榜单的美国智库数量也位居世界第 1,共 24 家,几乎是中国的 3 倍,如表 5.2 所示。

表 5.2　全球智库总数排名前 10 的国家中顶尖智库数量

排名	国家名称	国家智库总数(个)	全球排名前 175 顶尖智库数量(个)
1	美国	1 835	24
2	中国	435	9
3	英国	288	16
4	印度	280	9
5	德国	195	12
6	法国	180	4
7	阿根廷	138	2
8	俄罗斯	122	3
9	日本	109	5
10	加拿大	99	2

注:数据来源《2015 全球智库报告》②。

在《2015 年全球智库报告》中所统计的全球 175 所顶尖智库中,中国顶尖智库数量位于美国、英国、德国之后,与印度并列。而在该报告的

① Wikipedia. Brookings Institution[EB/OL]. (2016 - 02 - 13)[2016 - 04 - 11]. https://en. wikipedia. org/wiki/Brookings_Institution.

② TTCSP. 2015 Global Go To Think Tank Index Report [EB/OL]. (2016 - 01 - 29)[2016 - 04 - 11]. http://repository. upenn. edu/think_tanks/10/.

2015 年全球排名结果中,按 13 个研究领域和按 24 类特殊成就排名的两个分项榜单中,中国智库上榜数量相对较少,甚至出现个别榜单无中国智库的情况,具体见图 5.1。出现这种“智库数量多而优质少”的问题不排除由于国外对中国智库认知度低,导致部分中国智库未被 TTCSP 项目组计入总数,从而影响到最后的统计数据,但更大程度上是因为中国智库总体实力较其他国家还有所欠缺。

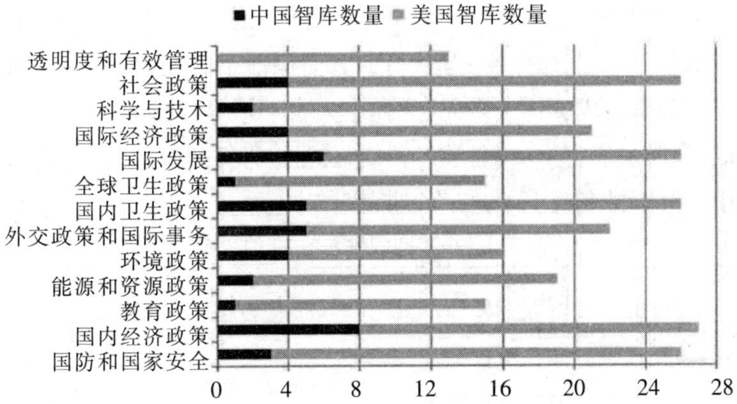

图 5.1　分项排名中美智库上榜数量(按研究领域分)

2. 顶尖智库类型的比较

由于智库分类标准的多样化,且中外政治体制以及社会实际情况的差异,参考《意见》以及《2015 年中国智库报告》,将中国智库分为四类:党政军智库、科研院所智库(社科院和中科院等)、高校智库和社会智库。在调查中发现:所选取的 24 家智库中,科研院所智库占 16.7%,党政军智库占 33.3%,高校智库占 29%,社会智库占 21%。其中科研院所和党政军智库共占 50%,二者具有一定官方背景,与决策者的沟通渠道比其他两类智库更为畅通。因此,从智库发展实力看,中国社会智库发展较为薄弱,在国内排名前 10 的智库中,没有一家社会智库。具体见表 5.3。智库的管理体制往往与智库性质密切相关。党政军智库和科研院所智库通常具有一定的行政级别,其管理体制在一定程度上受行政管理体制或事业单位管理体制的影响,管理方式较为僵化,机构负责人由上级党政部门任命并对上级负责,如中国科学院和中国社会科学院均设有局、处等管理机关,而高校智库与官方智库管理也较为类似。高校智库负责人的推选权衡了学术声望和行政级别两个方面,且智库对所属高校有依附性①。

根据智库的隶属关系,可以将智库分为独立的智库和隶属于政府或其他组织的智库,独立智库包括四类:学术型智库、合同型智库、倡导型智库、政策公司②。与中国智库大多为官方智库和高校智库不同,美国智库多数是独立的,智库的研究活动不受政府和党派的干预和影响。美国排名前10的智库均属于独立智库。美国智库内部管理大多采用理事会(董事会)制度,组织管理形式偏向扁平化。扁平化的组织形式减少了中间管理层,提高了组织工作效率,也从另一方面保证了研究的独立性。此外,美国智库理事会成员背景多元,往往由来自学术界、政界、商界等著名人士组成,如前政府官员、著名学者教授、公司银行经理董事、研究院负责人等。中美两国排名前10的智库,如表5.3所示。

表5.3 中美两国排名前10的智库

排名	中国智库	成立时间	类型	美国智库	成立时间	类型
1	中国社会科学院	1977	科研院所	布鲁斯金学会 Brookings Institution	1916	学术型
2	国务院发展研究中心	1980	党政军	卡内基国际和平基金 Carnegie Endowment for International Peace	1910	学术型
3	北京大学国家发展研究院	2008	高校	战略与国际研究中心 Center for Strategic and International Studies	1962	学术型
4	清华大学国情研究院	2012	高校	外交关系委员 Council on Foreign Relations	1919	学术型
5	中国科学院	1949	科研院所	伍德罗威尔· 威尔逊国际学者中心 Woodrow Wilson International Center for Scholars	1968	学术型

---

① 李建军,崔树义. 世界各国智库研究[M]. 北京:人民出版社,2010.

② 金芳,孙振海,国峰,等. 西方学者论智库[M]. 上海:上海社会科学院出版社,2010.

续表

排名	中国智库	成立时间	类型	美国智库	成立时间	类型
6	复旦大学中国研究院	2015	高校	卡托研究所 Cato Institute	1977	倡导型
7	中共中央党校	1933	党政军	兰德公司 RAND Corporation	1948	合同型
8	上海社会科学院	1958	科研院所	传统基金会 Heritage Foundation	1973	倡导型
9	中国人民大学国家发展与战略研究院	2013	高校	美国进步中心 Center for American Progress	1989	政策公司
10	中国工程院	1993	科研院所	国家经济研究局 National Bureau of Economic	1920	学术型

二、运行模式比较

1. 智库规模与人才结构比较

美国大多数智库规模较小。在选取的24个美国智库中,有54%的智库人员总数在200人以下,人数最多的是兰德公司,共1 800余人。但是这种大型智库在美国并不多见。与之相反的是,中国官方智库人数普遍较多,如中国社会科学院全院总人数4 200多人①,中国科学院更是拥有6.8万余在职员工。相比之下,中国高校智库和民间智库人数则较为精简,人数在200人左右。通过具体分析智库内部人才结构可以发现:一方面,美国智库研究人员有着国籍背景多样化、学历职称高级化的特征。如兰德公司2015年年度报告显示②,兰德公司的研究人员来自46个国家和地区,涉及71种语言,人员组成国际化明显;57%的研究人员拥有一个或

① 中国社会科学院. 我院概况[EB/OL]. (2013-08-28)[2016-06-25]. http://cass.cssn.cn/gaikuang/.

② Rand Corporation. 2015 RAND Annual Report[EB/OL]. (2016-03-22)[2016-04-25]. https://www.rand.org/pubs/corporate_pubs/CP1-2015.html.

多个博士学位,34%的研究人员有一个或多个硕士学位。另一方面,智库研究人员的学科背景多元化,如美国城市研究所的研究队伍中有经济学家、社会科学家、公共政策和管理研究人员、数学家、统计人员、城市规划师、工程师或计算机科学家等。值得注意的是,城市研究所63%的研究人员是女性,由10位研究人员构成的董事会中有5位是女性①。相比之下,中国智库的人员国籍背景较为单一,高职称高学历人员比例有待提高。以中国社会科学院为例,作为中国综合实力最强的智库之一,中国社科院高级专业技术职称人员占40%,中级专业人员占29%,研究人员以国内知名专家学者为主②。

2. 智库资金来源渠道比较

一个组织的运营容易受到经费的制约。美国智库往往有雄厚的资金基础。在《2015年全球智库报告》中统计的年度运营预算不到500万美元的智库中,美国智库个数为0,而中国有2家。在美国排名前10的智库,年度运营费用均在3 000万美元以上。美国智库资金来源渠道较广,除了智库的营业收入(出版物、项目服务费、租金、投资等),还有基金会资助、个人或企业捐款、政府拨款等。对于大部分美国智库而言,基金会资助和捐款是运营经费的主要来源,如所选取的24家智库,捐赠和基金会资助占年度收入50%以上的有22家,其中占90%以上的有7家。24家智库中只有一家智库经费主要来源于项目服务费,即兰德公司。兰德公司的经费主要源于与客户签订的合同,其中有三分之二来自于美国政府项目③。例如美国布鲁金斯学会所追求的价值是:高品质、独立性、影响力。其中,"独立性"是指智库独立于政府或政党的、不以营利为目的,以保证研究成果的客观、中立④。"独立性"体现在其研究成果都努力做到基于事实来说明问题,不被政治走向所左右,而财政独立是保障独立性

---

① Urban Institute. Funding and Annual Report[EB/OL]. (2016-02-18)[2016-04-25]. http://www.urban.org/about/funding-and-annual-reports.

② 中国社会科学院. 我院概况[EB/OL]. (2013-08-28)[2016-06-25]. http://cass.cssn.cn/gaikuang/.

③ 王辉耀,苗绿. 大国智库[M]. 北京:人民出版社,2014.

④ 詹映. 国外智库建设经验及其对我国知识产权智库建设的启示[J]. 科技与法律,2015(4):718-731.

的一个因素①。因此,广泛的经费来源以及充足的经费数额保证了智库研究的高质量和智库的独立性,而智库为了筹集经费也必须与企业、个人、基金会等多方面联系,需运营和推广智库平台和形象,从而帮助智库扩大自身影响力。与美国智库不同,中国智库主要由党政军智库、科研院所智库和高校智库构成,经费主要来源于政府财政拨款和课题研究基金。依赖政府拨款和课题基金,一方面,智库不用为运营经费而担忧,可以专心进行相关研究;另一方面,智库独立性受到挑战。相比较而言,我国社会智库的经费捉襟见肘,政府拨付的资金基本上流向体制内智库。民营企业一方面没有闲余资金支持社会智库发展;另一方面也不具备咨询意识,不愿意将钱花到没有实际收益的地方,因此,资金制约一直是我国民间智库的发展掣肘②。

三、研究领域与服务方式比较

1. 智库研究领域比较

从上面对美国智库人才结构分析可知,美国智库研究人员学科背景多样。如兰德公司研究人员专业涵盖 13 个学科,涉及文学艺术、社会科学、经济法律、军事外交、政策分析、医学、计算机技术、数学统计等多个领域。从图 5. 2 可以发现:美国智库研究领域涉及范围广,而中国智库研究领域则较为集中,跨学科和跨机构研究能力有待提高。我国智库取得较高研究成就的主要集中在国内经济政策、外交政策和国际发展等研究领域,且整体研究实力有待提高。具体分析 48 个智库案例可以发现中国智库研究领域有以下特征:一方面,研究内容层次较高,主题较大,主要集中在战略层面,如国家战略问题研究、经济发展问题研究和党政理论问题研究,较少涉及民生和社会问题,具体见图 5. 2。战略层面的研究关乎国家大政方针,固然不可忽视,但是智库作为国家未来目标的瞭望者,国家战

① 马宇歌. 高质量 独立性 影响力——亲历全球第一智库[J]. 秘书工作,2012(4):48 -49.

② 朱贝. 我国民间智库能力建设研究——以零点研究咨询集团为典型案例[D]. 长春:东北师范大学,2014.

略的谋划者，国家智库的担当者，国家治理的监督者①，其研究领域不应只关注战略层面，也应注重研究的实用性和针对性。另一方面，中国智库研究领域涉及范围窄。由于中国智库多为社科院型和高校研究机构，研究领域主要集中在经济、政治、管理等这些方面，较少涉及理工科领域。与中国不同的是，美国智库研究领域有三个特点：一是研究领域广泛，层次多元，从国家战略层面问题到民生福利，涉及法律、历史、政治、经济、军事、能源、社会福利等多个方面；二是研究内容实用性较高，注重对当前社会热点的研究，如能源气候、社会福利、教育及公民权利等；三是研究领域泛中有精，美国智库虽然研究领域广泛，但拥有自身最擅长的研究领域，并且在这些领域拥有较大的影响力，如国家经济研究局擅长经济研究，外交关系委员会擅长外交政策方面。

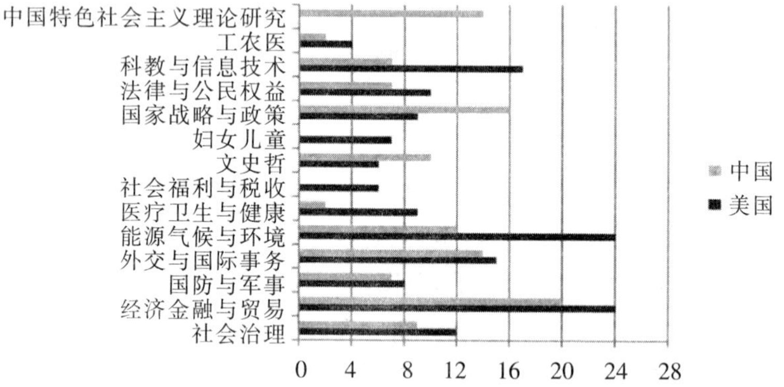

图 5.2　中美顶尖智库的研究领域比较

数据来源：数据采集自各智库官网。

2. 智库服务方式的比较

社会科学研究应当“出思想，谋战略，建言献策”②。而智库如何将自己的研究成果（“思想”“战略”“计策”）以一种有效的方法呈现出来，是智库影响政府决策的重要一环。中国智库主要通过以下几种途径影响政府决策：一是直接参与政策制定；二是承担政府委托的课题或运用内参输

① ② 胡鞍钢．中国特色新型智库：胡鞍钢的观点[M]．北京：北京大学出版社，2014.

送观点；三是通过相关会议汇集政策观点或为决策者当面授课①。能直接参与政策制定或给决策者授课，只有少数高端智库能够做到，因此承担科研项目是中国智库影响决策的主要途径。如中国社会科学院2015年度承担了14项国家社科基金重大或重点项目，上海社会科学院2015年度承担了32项国家社科基金项目。中国智库的研究成果主要以学术著作、科学论文、数据库、调查研究报告、外文翻译、文献整理等形式呈现出来。

美国智库在服务方式方面与中国智库有较大区别。美国智库影响政府决策主要有以下途径，一是刊行出版物；二是举办研讨和培训会活动；三是与媒体互动；四是参加国会听证会②。就智库成果而言，在载体上，美国智库成果展示除了常规的纸质或电子文献，还包括多媒体音像视频等，具体见表5.4。在体裁上，除了研究报告、学术论文、专业书籍等，美国智库常常就一些突发事件、时事新闻、政府政策颁布等，在第一时间发表声明或评论，阐述自己的观点。这从一个侧面也可以发现：美国智库不单纯是政府政策的阐述者，也是政府政策的监督评价者。此外，美国智库重视自己出版物的品牌塑造，如兰德公司的《兰德评论》、国际战略研究中心的《华盛顿季刊》等，不仅在社会上有较大影响力，也是向政府传递智库观点的重要平台。

表5.4　中美排名前10智库出版物形式比较

排名	智库名称（中国）	成果/出版物形式	智库名称（美国）	成果/出版物形式
1	中国社会科学院	学术著作、科学论文、调研报告、资料翻译、文献整理	布鲁斯金学会	新闻时事评论、浏览式书籍、言论、评论、
2	国务院发展研究中心	调研报告、论文、著作	卡内基国际和平基金会	政策简讯、书籍、论文专论

① 章静. 中国政府智库运作机制分析[J]. 法制博览,2016(1):285-286.

② 侯经川,赵蓉英. 国外思想库的产生发展及其对政府决策的支持[J]. 图书情报知识,2003(5):23-25.

续表

排名	智库名称（中国）	成果/出版物形式	智库名称（美国）	成果/出版物形式
3	北京大学国家发展研究院	简报、研究报告、讨论稿、经济学英文刊物	战略与国际研究中心	报告、书籍、评论、实事通讯、学术期刊
4	清华大学国情研究院	无独立网站数据缺失	外交关系委员会	多媒体资料、书籍、论文、分析报告
5	中国科学院	论文、专利、著作、学术期刊	伍德罗·威尔逊国际学者中心	书籍、分析报告、政策简要、期刊
6	复旦大学中国研究院	无独立网站数据缺失	卡托研究所	观点评论、书籍、期刊论文、政策研究、公开文件、多媒体资料
7	中共中央党校	学术论文、科研项目、著作	兰德公司	商业图书、年度报告、专题论文、研究简报、技术报告
8	上海社会科学院	研究报告、学术论文、著作、观点	传统基金会	书籍、杂志、研究报告、每周评论、多媒体资料
9	中国人民大学国家发展与战略研究院	研究报告、政策简报、思想评论、著作	美国进步中心	研究报告、评论、新闻调查、著作、声像资料
10	中国工程院	科研项目、专利、论文、报告、视频	国家经济研究局	评论、书籍、期刊、免费出版物、视频

四、网络应用情况比较

1. 社交媒体应用的比较

由《2015 年全球智库报告》可知，在“最佳宣传活动”“最佳智库网络”“最佳网络使用”“最佳媒体利用（印刷或电子）”“最佳外部环境/公众参与"等几项分榜单中,中国智库所取得的成果不尽如人意。由此可见,中国智库与美国智库相比,在智库宣传、与民众互动、网络运用能力等方面还有待提高。在社交网络环节,中国智库运用的社交平台主要是国内两个常用社交平台:微信和微博(含腾讯微博和新浪微博),并没有开通任何国外社交平台,平台利用类型较为单一。并且,中国智库对这仅有的两种社交平台的利用率也不高。24 家中国智库中,只有 4 家智库开通了以上两种平台,10 家只开通了其中之一,更有 10 家智库并未开通任何社交平台。此外,中国智库对自身社交平台的宣传不够重视,4 家已开通社交平台的智库并未在网站首页标识出该机构的社交平台。相反,美国智库青睐运用各类社交软件或平台,如推特(Twitter)、脸书(Facebook)、YouTube(世界最大视频网站)、播客(Podcasts)、领英(LinkedIn)等,在平台上发布最新研究动态、智库视频、智库观点、热点时事评论和专家介绍等,基本上在美国主流社交软件上都有美国智库的身影。在所选取的 24 个美国智库中,最少开通了 3 个社交平台,最多的是卡内基国际和平基金会,开通了 7 个社交平台,都经过官方认证,并且每个平台均有较高的活跃度和粉丝数量。

2. 智库网站的比较

在互联网环境下,拥有有效利用网络的能力能够帮助智库赢得生存的机遇。智库网站是智库与外界沟通,向外界阐述思想和观点的最基本也是最重要的网络平台,更是民众获取智库信息的重要渠道。因此,智库网站的建设对于智库的发展有着重要影响。通过访问中美 48 家顶尖智库网站可以发现有如下差距:第一,美国智库网站建设水平总体高于中国智库,且 24 家中国智库中有两家智库无独立网站。第二,美国智库网站导航栏目更加简洁明了,选择的栏目名称相对集中,且重视对本智库研究人员、研究领域、研究动态、研究成果的展示。而中国智库网站导航栏目类型较为分散,对于智库相关研究揭示不够,具体如表 5. 5 所示。第三,美国智库网站信息公开程度优于中国智库。美国智库网站除了提供常见的基本信息外,如概况简介、研究领域、新闻动态、专家介绍、出版物等,还提供各类研究报告的免费下载,或是免费电子出版物的在线阅读。而中国智库往往只提供简单的研究动态介绍,仅有八家智库提供研究报告的免费下载,四家智库提供文摘信息的在线阅读,研究报告对外公开性不及美国智库。第四,中国社会智库网站建设意识要强于中国其他类型智库。一方面,社会智库网站有效信息的可获得性要优于其他三类智库;另一方面,社会智库在网站中更注重对本机构的宣传。如天则经济研究所不仅提供了天则公共报告的免费下载,以及相关媒体报道、视频新闻等,还开通了天则淘宝店、微店,通过网上商店来销售智库产品,如作者签名版著作、研究报告等。

表 5.5　中美智库网站比较

比较项目＼类别	中国智库数量(个)	美国智库数量(个)
独立智库网站	22	24
导航栏目(使用最多的前 6 个栏目类型)	概况(17)、学术研究(11)、专家(11)、新闻动态(10)、组织结构(8)、教育(7)	事件动态(24)、简介(21)、研究领域(20)、专家(18)、出版物(15)、捐赠(12)
提供免费研究报告下载	免费全文下载(8)、账号下载(2)、提供文摘信息(4)、无(10)	免费全文下载(24)

五、美国顶尖智库建设对中国的启示

1. 优化智库发展结构

《2015 年中国智库报告》显示,在中国综合影响力前 15 名智库中主要是科研院所智库和高校智库,没有一家社会智库。由此可以发现,在我国智库体系中社会智库发展存在不足和困境。而美国与国内恰恰相反,美国智库带有官方色彩的较少,智库研究的独立性较高。社会智库不以营利为目的,无主管和挂靠部门,不存在体制内思想库先天的依附性,即使是承担政府或企业委托的任务,也往往能够通过合同来保持研究的独立性,与委托方保持基于合同的平等互利关系,从而使政策研究相对超脱,能够保持中立①。正是由于社会智库的独立性,才能有效弥补党政军智库、科研院所智库和高校智库的研究容易受政府影响的缺陷,使智库等政策研究机构不单纯成为政府政策的阐述者和传话筒。一方面,由于社会智库发源于民间,更接地气,天然与民众更为贴近,因此能在研究中更好地反映民情民意,也有利于帮助提高政府决策的全面性和科学性。另一方面,鼓励社会智库的发展,能够在党政军智库、科研院所智库和高校智库中产生"鲶鱼效应",有利于优化中国智库发展结构,促进智库市场的形成。具体可采用如下措施:政策上扶持,如减免税收;完善相关法律,保障社会智库的法律地位和正当权益,使四类智库能够处于相对平等的地位;完善社会智库资金捐赠渠道,保障民间智库物质基础;增强政府信息透明度,使社会智库能够获取与研究相关的资料信息。

2. 改善智库运行模式

首先,要完善智库用人机制。智库人才质量是智库研究实力的决定性因素,而完善智库用人机制是提高智库人才质量的前提,是促进智库发展的核心环节。完善用人机制需做到以下几点:一是"引进来"。完善用人机制,重视人才引进。要改变原有的单一学术背景,大胆启用不同年龄、背景的综合型人才②;也要引进专业人才,专业人才往往在某一专业领域有较为深入的研究,因此专业人才的引进是提高智库研究专门化的必经之路。二是"重交流"。要鼓励智库之间的人才交流,促进智库研究的多元化;也要鼓励智库学者与不同组织之间进行人才交流,鼓励智库人才进入高校、企业、政府部门等不同组织机构任职。如美国的"旋转门"机制,使得人才在政府、高校、智库、企业间流动,这种人才流动机制也在一定程度上提高了美国智库的政策影响力。三是"调比例"。由上文分析可知,我国官方智库规模较大,人员较多,有可能会产生人浮于事的状况。因此,一方面,需要调整研究人员与行政人员的比例,降低人员冗余,使一切部门工作围绕智库研究开展;另一方面,要调整研究人员与助手的

① 洪伟,邓心安. 中国民间思想库:作用与对策[J]. 科学与管理,2008(1):28-30.

② 王莉丽. 如何打造具有国际影响的中国思想库[J]. 领导文萃,2009(17):54-57.

比例。兰德的经验是两个研究员不如一个研究员加半个秘书效率高①。

其次,要拓宽资金来源渠道。充足的经费为智库研究奠定了坚实的物质基础。我国智库目前存在着“三强一弱”的现象,即党政军智库、科研院所智库和高校智库发展势头强劲,而社会智库发展较为薄弱。虽然前三种智库相比社会智库有着较为稳定的资金来源,但是资金来源渠道较为单一。无论是政府拨款还是课题基金,资金都具有“官方背景”,在一定程度上会影响智库研究的独立性。因此,拓宽资金来源渠道,既可以维护智库研究的独立性,又可以促进社会智库的发展。要完善社会捐赠制度。建立健全慈善事业的公示和监督体系,消除社会上存在的对慈善捐款不公开、无监督的担忧,包括规范捐赠资金管理,完善项目运作监督,严格按照规定的渠道接收、使用社会捐赠款物,并及时下拨,还要加强监督、检查、公示及向捐赠者反馈和审计工作②。要鼓励设立基金会。基金会是非营利性的公益性组织,其设立能够给中国智库发展提供一定的经济援助。

最后,智库应增强自身能力。智库除了依赖他方的资金援助,也要加强自食其力的能力。例如,美国智库每年的资金来源除了捐赠和政府拨款,还有一部分是营业性收入,如场地仪器租金、出版物盈利以及项目合同费用等。

3. 改革智库研究领域

目前我国正处于经济社会转型期,经济体制深刻变革、社会结构深刻变动、利益格局深刻调整、思想观念深刻变化,面临的问题更加复杂,挑战更加严峻。智库被称作是“政府的外脑”,为政府决策、国家政策的制定提供建议。但是目前我国智库研究方向偏重战略理论研究,缺少对社会问题的探讨;研究领域相似程度高,缺少品牌影响力;研究工作合作程度低,存在闭门造车的现象。因此,需要改革智库研究领域,使智库研究既要有的放矢,也要高瞻远瞩;既要专门深入,也要综合多样。第一,智库研究要有实用性,这是最基本的一点。智库首先要做的是就当前存在的问题或现象,解答决策者的疑惑,或是提出建议和措施。第二,智库研究要有前瞻性。实用性是应用对策层面的研究,而前瞻性则是战略层面的研究,并且前瞻性对智库的预测分析能力有了更高的要求,即政府在制定国

① 李建军,崔树义. 世界各国智库研究[M]. 北京:人民出版社,2010.

② 赵志耘,杨朝峰. 中美思想库比较研究[J]. 中国软科学,2011(7):17-23.

家大政方针,发展规划时,智库能提供高效的咨询服务,成为“指路人”。第三,提高品牌意识和研究专业化。通过对某一领域专门深入的研究,形成自身的研究强项,并在此基础上打造智库品牌。一方面,能够形成智库的研究特色,从而在市场竞争中能脱颖而出;另一方面能够扩大自身影响力,促进二者良性循环。第四,注重合作研究。注重合作研究首先是要注重学科间合作。面对复杂的社会环境和国际环境,智库研究领域不应该只局限于某一学科。智库应运用跨学科的方法,对某一问题进行多视角、多角度的考察,在此基础上形成政策建议①。注重合作研究其次是要注重智库间合作。每个智库作为独立的研究机构其能力是有限的,而进行智库间合作,有助于提高研究的效率,降低研究的难度。此外,加强智库间合作,也有利于形成良好的研究环境,形成互惠互利的智库市场。注重合作研究再次是要注重国际合作。加强国际合作可以促进智库研究领域的国际化,也可以提高国内智库的国际知名度。

4. 加强智库宣传

加强智库宣传,要提升智库信息的公开性。智库相关信息的公开状况,不仅在一定程度上影响了民众对智库的认知程度,也影响民众对智库的信赖程度。与美国智库相比,国内智库的信息公开程度较低,民众获取智库信息渠道不畅通。因此,提升智库信息公开性不容忽视。具体可以从以下几方面开展:一是重视智库网站建设。在网站上可以呈现智库的基本信息,如概况、人员组成、研究成果、出版物、捐赠信息等,注重内容有序化,增强用户体验。例如美国智库的大部分研究成果均可在网站上查找,部分支持免费下载。二是出台智库年度报告。年度报告是智库自我宣传的重要形式,可以让民众一站式了解智库过去1年的状况,但我国智库对年度报告重视程度不高。在对比分析中发现:美国24所智库每年均有各自智库的年度报告,包括智库的人员结构、当年的研究成果、主要的智库观点和智库思想以及财务状况。而中国智库年度报告发布意识较弱。在笔者调查中,仅两家智库公布了本机构的年度报告,即国家发改委宏观经济研究院和天则经济研究所,但是国家发改委宏观经济研究院年度报告需要相关用户登录方可下载,并不对外免费公开。三是注重传统

① 李建军,崔树义. 世界各国智库研究[M]. 北京:人民出版社,2010.

出版物的发行。目前我国智库的主要研究成果以论文、研究报告、著作等形式产生，而将这些研究成果以出版物的方式发行，不仅可以提高智库知名度，也可以用出版物来影响社会，引领舆论。

加强智库宣传，要灵活运用社交媒体。智库是政府的“外脑”，起着“承上启下”的作用，不能“只唯上，不唯下”。因此，智库不仅需要了解民意，关注民生，为政府决策提供建议，也需要与民众进行互动沟通，向民众阐述政府政策，评价政策的合理程度。而灵活地运用各类常见社交媒体是与民众沟通互动的有效方式。如开通微信微博，宣传自身观点和思想。在目前的移动互联网环境下，智库还可以开发相关的应用软件、手机APP，如德国马歇尔基金会开发了该机构的专用APP。智库运用社交媒体要注意以下三点：一是国内外平台合理选择。诸如微信微博是全国性社交平台，其对象主要是国内民众；而如Facebook、Twitter等是全球性的网络社交平台，其对象范围更广。因此，在智库人力财力物力有限的情况，应仔细考量，合理选择。二是注意平台信息的及时更新。提高平台信息更新的及时性，有助于用户及时了解智库的动态。三是注重平台的官方认证。网络信息杂乱纷繁，虚假信息太多，对平台进行官方认证，可以保证民众获取信息的真实性，也可以维护自身形象。

加强智库宣传，要加强与媒体互动。媒体对某些专业性强的政策问题并不具有独立分析的能力，因此在向公众进行报道或者评论时，需要借助相关专业人士的观点或者研究成果。由于政府的政策制定者往往出言谨慎，所以作为既有理论基础又兼具实践研究的思想库成为媒体的重要选择①。而对于智库而言，媒体是阐述智库观点、增加智库曝光率的良好平台。因此，有必要加强与媒体的互动，建立二者友好合作关系。例如，美国智库对社会上的重大事件、时事新闻、国家政策的颁布的及时解读。此外，智库也可以采用新闻发布会、专题报道、专项采访等形式，宣传智库的最新成果、研究进展，或是传递知名专家学者的观点，打造智库明星学者，提高智库媒体曝光度。如美国企业公共政策研究所开设了一档名为“公共政策论坛”的电视节目，在全国范围内400多个电视台播放，大大提高了该机构的影响力。

---

① 李大经. 中国思想库：现状及发展研究——基于政府决策咨询的视角[D]. 南京：南京农业大学，2011.

第六章
推进中国特色新型智库建设的路径探析

第一节　优化特色新型智库建设的理念设计

智库作为服务公共决策的专业化组织，是国家软实力中的硬实力，在推进科学民主决策和国家治理体系及治理能力现代化方面扮演着重要角色。建设管用、实用、够用的中国特色新型智库是时代赋予的重要使命，是我国经济社会发展的强烈需求，也是智库自身发展的战略选择。

一、把握新型智库的特色内涵[①]

当前我国公共政策重执行、轻反馈，重权威、轻纠偏的弊端仍未完全革除，决策者也迫切需要了解政策实施的真实效果，智库要发挥既专业又超脱的优长，在政策的评估、预警与纠偏方面当好党委和政府的“追踪器”“诊断器”“校正器”，填补党委和政府政策观察盲点，拓展智库发展新蓝图。而要准确认识中国新型智库，需要把握好五个方面的内涵。

1. 当好“三库”：把握好智库的功能导向

关于智库的功能，中共中央办公厅、国务院办公厅印发的《关于加强

---

① 本部分是在周湘智撰写的《把握中国新型智库的特色内涵》一文的基础上修改而成，原载《中国社会科学报》，2015年11月18日，第7版。

中国特色新型智库建设的意见》中明确指出，要“充分发挥中国特色新型智库咨政建言、理论创新、舆论引导、社会服务、公共外交等重要功能”，归结起来，就是要当好“三库”。一是当好“思想库”。主要体现在以深厚的理论素养为支撑，不断为决策者和社会公众提供新的政策思想、新的理论观点，持续以科学新锐的观念引领思潮、启发社会，进而对政府公共政策和社会公共生活产生影响。二是当好“点子库”。主要体现在为政府的公共治理提供及时有效、切实可行的政策分析、行动思路、解决方案与对策建议，为企业、社会组织发展出好主意、提好点子。三是当好“沟通库”。主要体现在：对外，要发挥我国成为全球性大国形势下的“二轨平台”、战略对话与公共外交等独特作用；对内，发挥好解读政策、解疑释惑、平衡舆论、凝聚共识等重要功能。

2. 注重“三家”：把握好智库的核心要素

高端智库需要高端要素作保障。影响高端智库建设的因素有很多，但最为关键的是“三家”。首先是两类“东家”。各级党委、政府是智库产品的主要需求者与消费者，也是中国特色新型智库建设的主要后盾与保障。因此，智库必须积极争取党委、政府这两个“东家”的支持，为智库赢得更优的内外环境。同时，公益捐赠已经成为智库建设的重要资金来源，应积极主动地争取公司企业、社会组织与精英贤达依法为智库提供经费资助，为智库创造更好的发展条件。其次是两类“专家”。一是理论实践化专家。要培养打造一批善于将理论与知识转化为政策方案、行动方法、实用观点的专家学者，有效地服务于实践。二是实践理论化专家。要培养打造一批善于将实践探索模式化、经验化、规律化的专家学者，将个体、分散的经验提升为理论命题、理论模型、理论体系，更好地指导实践。再次是两类“管家”。一类“管家”是优秀的智库掌门人，是高端智库的催化剂，杰出的智库领导者能确保智库成功运营，最大限度地激发智库的潜力和活力，不断将智库带到更高的水平和境界。所谓“千军易得，一将难求”，从某种程度上说，他们比智库专家更稀缺、更重要。还有一类重要的“管家”是行政与研究辅助人员。他们负责落实与执行智库的管理思想，为研究人员提供支持，高水平的行政辅助队伍能够倍增智库运作绩效。

3. 保持“三色”：把握好智库的价值操守

在智库林立的时代背景下，只有坚守自己的生存法则，凸显自己的格调操守，体现自己的深刻价值，智库才能生生不息，永不褪色。其一，打造特色。独树一帜是智库的成长逻辑。智库要在激烈的发展竞争中守住阵脚、节节壮大，就必须顺应智库分层化、分众化、分业化发展趋势，遵循智库市场机制一般规律，切实从“全能选手”的误区中走出来，找准功能定位，实行错位发展。即使是大型的综合型智库，旗下的研究部门也必须形成领域特色，打造独门优势，构筑“聚是一团火，散是满天星”格局。其二，成果出色。一流成果是智库的镇库之宝，任何时候都要处理好平台建设与内容建设的关系，始终把“内容为王”作为智库的第一价值，不断产出能直接“提锅上灶”解决问题的“五星级”成果，做到拳拳打到“痛”处，手手挠到“痒”处，成为专业精神的代表。其三，秉持胆色。客观理性是智库的宝贵品格。智库要善于排除各种干扰与诱惑，敢于说真话，敢于独立思考，敢于进行建设性批评，始终以客观的态度、求真的精神、科学的方法咨政谏政，忠实担当好科学决策、启发民智的守望者。

4. 配优“三型”：把握好智库的能级结构

能级决定能力，能力决定作为。长于提供“一通百通”式智慧产品的智库是顶级智库，善于提供“一招一式”式智慧产品的智库是普通智库，乐于提供“亦步亦趋”式智慧产品的智库是平庸智库。这三类成果都是实践所必需，建设中国特色新型智库应特别注重配优三种智库成果的结构比例。第一，多生产引领型智库产品。要以解除决策者的“远虑”为使命，以研发高精尖的引领性战略方案为载体，在分析形势、把握趋势的基础上谋划好大势，提供醍醐灌顶式的前瞻概念、思路与框架，从容应对未来挑战，赢得全盘战略主动。第二，优先生产工程型智库产品。要以摆脱决策者的“近忧”为担当，牢固树立问题意识，对当下急需解决的现实问题，及时提出于法周延、于情合理、于事简便、于行有效的解决方案，顺利找到破解之策、根治之方。第三，少生产跟随型智库产品。要以当好决策者的“翻译”为补充，适当配置智库资源，解读、论证好党委、政府的政策主张、工作部署，但要防止一味满足于“背书式”“同声传译”的低水平循环倾向。

5. 突出“三研”：把握好智库的发力重点

突出重点才能成为重点。我国决策过程的分权化程度日渐提高，智库作为参与决策的重要主体，一定要坚持有所为，有所不为，致力于做决策部门做不了、不愿做或没时间做的事情，在功能互补中成为党委、政府不可替代的外脑、无法或缺的参谋、拾遗补阙的触角，以此厚植智库的信誉声望资本。一是要聚精会神搞好宏观战略研究。开展宏观战略研究需要有深厚的知识功底、广阔的全局视野和专门的工具方法，党政部门一般很难做到，亦不易做好。智库必须将其作为功能布局的首要爆发点，精心组织、开展好宏观战略设计与储备性研究，体现其价值。二是要专心致志搞好中观跟踪研究。当前我国公共政策重执行、轻反馈，重权威、轻纠偏的弊端仍未完全革除，决策者也迫切需要了解政策实施的真实效果，智库要发挥既专业又超脱的优长，在政策的评估、预警与纠偏方面当好党委、政府的“追踪器”“诊断器”“校正器”，填补党委、政府政策观察盲点，拓展智库发展新蓝图。三是要脚踏实地搞好微观调查研究。当前党政机关的决策数据信息由于种种原因，难以做到清晰透彻。智库有充足的条件在这方面实现突破。要以新闻记者搞调查、挖新闻那样的执着精神，深入田头、走进街头、坐上炕头，做好接地气的一线调查，持续为党委、政府提供客观真实的事实、数据来源，成为党委、政府不可替代的第三方信息源，打造智库知情明政的核心竞争力。

二、聚焦智库建设的“特”与“新”①

自 2013 年 11 月党的十八届三中全会通过的《中共中央关于全面深化改革若干重大问题的决定》中，提出要加强“中国特色新型智库建设，建立健全决策咨询制度”以来，特色新型智库建设进入蓬勃发展时期。三年来，特色新型智库建设外部环境不断改善，政策支撑愈加有力，专业化、特色化追求日益明确，评价体系趋向多元，决策咨询水平也相应有所提高，逐步形成了类型多样、活跃度较高、管理运行体制各具特色的格局。然而，就发展建立可以从事客观、中立和有充分根据的研究，并为决策制定者和公众提供有前瞻性、针对性和有效性的政策分析的智库网络而言，中国特色新型智库建设还处于早期阶段。

1. 认清当前智库建设存在的问题

一是机构数量众多但缺乏有效整合。根据美国宾夕法尼亚大学智库

① 本部分内容是在余敏江撰写的《中国智库建设需要聚焦“特”与“新”》一文的基础上修改而成，原载《中国社会科学报》，2016 年 12 月 15 日，第 2 版。

研究项目编写的《全球智库报告2015》统计显示,在智库数量方面,中国以435家智库排名世界第二。但从影响力看,中国智库与国际一流智库相比,还存在较大差距。《全球智库报告2015》对全球6 846家智库进行了竞争力评估,美国智库在全球十大顶尖智库中占据了五个席位。中国却没有一家智库进入综合竞争力前十名。究其原因,在于中国智库发展既分散又重叠,各类智库几乎是封闭运行,彼此间缺乏深层交流,碎片化特征明显,进而产生了一定程度的资源浪费和重复建设的现象。

二是智库建设在特色和新型方面尚未到位。中国不能照搬照抄西方的智库模式,而是应在立足于中国国情和当前政府决策的规律的基础上打造中国特色的新型智库。在中国的全面深化改革过程中,中国智库需要对发展过程中的不平衡、不协调、不可持续和利益固化,对社会主义市场经济条件下的部分民众价值观扭曲、诚信缺失,以及一些党员干部为官不为、人治色彩浓厚、腐化堕落等突出问题,进行深入剖析和战略谋划,提出符合中国国情的新观点、新见解和新举措。而且,中国智库在一定程度上还存在国家急须、特色鲜明、现实性和针对性强的智库成果少,智库成果转化率低,智库成果缺乏公信力等不足。

三是智库参与公共决策的体制机制仍不健全。地方党委和政府虽已日趋重视智库的咨政作用,但依赖于经验的简单决策依旧是不少政府部门的决策常态,导致智库的决策咨询存在需求困境。这一现象产生的原因是多方面的:首先,部分政府及其职能部门自身政策研究水平不高,使之难以科学分析政府决策的准确性、时效性,难以理解决策咨询的重要意义。在这种条件下,就很难形成对高质量政策咨询的自觉需要。其次,部分政府及其职能部门即使有咨询需求,也更倾向于在体制内寻求满足,对体制外智库持不信任态度。尽管体制外智库已经开始主动服务党政机构,但在很大程度上仍在国家与地方治理体系上处于边缘地位。这大大限制了大量决策咨询需求的对外释放。最后,部分智库没有将政策分析的重心定位于具有前瞻性、战略性、科学性和逻辑性的知识产品,而是着力对预设结论进行辩护、阐释,这既影响了智库的声誉,伤害了智库的专业性和公共性价值,又反过来降低了政府决策部门对智库的决策咨询需要。

四是智库参与决策咨询缺乏制度性安排。智库作为国家“软实力”

的重要组成部分，既缺乏制度性保障，也未能得到系统性体系建设。首先，尽管中央政府一直强调要完善决策咨询机制，加强科学民主决策，中共中央、国务院印发的《法治政府建设实施纲要(2015—2020年)》更是明确提出“加强中国特色新型智库建设，建立行政决策咨询论证专家库，对专业性、技术性较强的决策事项，应当组织专家、专业机构进行论证”。然而，这一提法在现实中尚缺少相应的操作方案，政府决策是否需要专家咨询很大程度上取决于主要领导的主观判断和价值偏好，具有随机性、偶然性、不稳定性等特点。其次，目前尚没有一部行业规范对智库的组织方式、准入门槛、行业资质、财务监督等方面做出权威规定。最后，智库发展所需的财政资助、立法支持和信息扶持制度缺失，智库人才的制度性激励不足，“旋转门”制度不畅。智库参与决策咨询缺乏制度性安排，使得智库对政府决策的影响处于可有可无、若即若离的状态，这为特色新型智库的发展埋藏了隐患。

2. 把握未来智库发展的重点方向

把握未来智库发展的重点方向，未来特色新型智库建设，打造“特色”和“新型”的高质量智库，需要从顶层设计上统筹整合各类智库并建立开放的研究合作机制，需要破除体制、机制的藩篱，使智库对真实的政策过程有更深度地介入，需要进一步开放政府官员和智库专家的双向“旋转门”。唯有如此，才能真正形成健康、可持续的思想市场，才能促进国家治理体系和治理能力现代化的实现。

一是亟须统筹整合各类智库并建立开放的研究合作机制。发展高质量的特色新型智库，首要措施就是加强顶层设计，合理布局，统一规划，促进官方智库、大学智库、社会智库一盘棋推进，防止单打独斗、一盘散沙的现象。其中，官方智库要充分发挥渠道和信息优势，大学智库要发挥人才优势，社会智库要发挥贴近公众、反映不同群体利益诉求以及公共外交方面的优势。在现有中国智库体系中，应重点整合一批优势互补的高端智库，通过吸纳一流人才，以及配备相应的资金和倾斜性政策使其“先富起来”，通过“先富”带动“后富”，带动智库的整体发展。同时，各类智库的研究方式要更专业化，要将专业化、精细化、定制化研究作为未来特色新型智库发展的常态，建立开放的研究合作机制。不同智库不仅是政策观点的竞争者，还是取长补短的合作者，它们共同承担着向党和政府咨政建言的任务。

二是亟须建立具有中国特色的政府购买决策咨询服务制度。特色新型智库的建设,必须打造良性运行的思想市场,发挥市场在思想资源配置中的决定作用,为有价值的研究报告提供具有市场竞争力的研究经费,进而健全与此相关的激励机制。政府购买决策咨询服务,倒逼官方智库、大学智库和社会智库通过公平竞争获取信息、数据和经费为政府提供决策咨询服务,有助于促进现行公共决策机制的不断优化。党委和政府应建立按需购买、以事定费、公开择优、合同管理的购买机制,取代通行的“内定”“任务式”的方式,促成体制内智库和体制外智库之间的良性竞争,进而形成政策咨询的思想市场。

三是亟须完善具有中国特色的“旋转门”机制。应鼓励党政机关与智库之间人才有序流动。智库应通过各种方式推荐智库专家到党政部门挂职任职,同时,政府部门也应派遣政府公务员以短期挂职或兼职形式进入新型智库进行交流,或定期、不定期就政策制定、执行情况开展座谈会、研讨会,从而有效地解决当前新型智库与政府合作以及新型智库与社会脱节等问题。虽然目前有部分官员离职离任后进入智库,但这种流动大多是单向流动,智库研究人员进入政府部门任职的还比较少。针对“旋转门”只开半扇的情况,有必要制定政府工作人员与智库研究人员身份转换的相关政策,完善多平台的人才共享机制,培养决策型智库专家或专家型决策人员。

三、注重专业性与公共性的统一

中国经济的快速崛起和随之而来的社会、经济和政治问题,使中国对高水平的质量型智库和智库思想市场的需求迅速增长。2015 年,中共中央办公厅、国务院办公厅印发的《关于加强中国特色新型智库建设的意见》提出,将重点建设一批具有较大影响力和国际知名度的高端智库,充分发挥中国特色新型智库咨政建言、理论创新、舆论引导、社会服务、公共外交等功能。这对新型智库建设提出了更高的要求。

一方面,新型智库专家需要具备很高的专业性。在公共决策越来越依赖于“技术”“专业性知识”等理性化要素的今天,“理性模型”成为解释公共决策科学性、民主性和合法性的新框架。智库专家就是在这一背景下广泛进入了政策议程。作为专门从事思想创新和知识生产的知识密集型组织,智库无疑依赖于一支高素质的专家队伍。智库在决策咨询中是否能够发挥作用以及在多大程度上发挥作用,与智库专家是否有高质量、专业化的研究成果分不开。可以说,高素质的专家队伍是智库生存和发展的生命力所在。不过,智库专家不同于一般的思想型专家和学术型专家,智库专家要有深厚的研究功底和高深的专业知识,又不能囿于纯理论研究,而是要对国家战略和现实政治有充分地了解,注重对与政治、经济、社会、生态等领域密切相关或者迫切需要做出决策的问题保持敏感度和注意力,所输送的学术研究、科学观念和政策建议应具有很强的可行性和可操作性。质量和严谨至关重要,对一家智库来说,最糟糕的莫过于被人认为是不可靠或草率的分析意见的提供者。在保持高质量和严谨的同时,智库专家还要能够将专业知识用通俗化、简单明了的语言表达出来,便于对媒体和公众进行有效的思想传播,增强咨政建言的实效性。

立足于当前的实际需要,提高新型智库的专业性,需要进一步加强领军人物和研究团队建设。因为领军人物学术声誉越高、关系网络越大,其所带领的智库就越有影响力,而这又能够提高其咨政建言的分量。除了领军人物外,智库还需要有一支具有较高水准的稳定的研究团队,这需要创新政策研究人才的培养机制和激励机制,通过有吸引力的薪酬体系、文化积淀、人才发展规划和愿景,培养和吸收具有不同学科背景的各类优秀人才。

另一方面,新型智库需要具备很强的公共性。相对于政府官员和民众,大多数智库专家更有可能以“客观中立”的角色出现并提供思想和知识,但是专家的“客观中立性”可能仅仅只是一个假设。决策咨询的实践表明,智库专家亦有个人利益压倒公共利益的倾向。智库专家既有可能被利益团体所捆绑,成为被管制者用以捕获管制者的“工具”,也有可能被政府所雇佣,提供“政府定制的专家意见”,甚至沦为政治的宣传机器或政府决策者的传声筒,从而使自己陷入伦理困境。事实上,新型智库的决策咨询应是协助公共部门有效地推进政治、经济、社会、生态发展,维护社会公平正义,协调公众利益,确保社会稳定发展的措施和手段。因此,新型智库的专家角色,不仅是定位于政策专家、政策助手的角色,而且还应该是实现公益的服务者、分享治权的行动者、促进共识的协调者。也就是说，智库专家在决策咨询过程中，不能只作为面孔模糊的专业人士，而也应该是社会中具有特定公共角色的个人。智库专家必须坚持公共性，首需考量的也是政策问题取向的公共性。公共性，不仅意味着智库专家决策咨询的客观中立，更重要的是依据社会公共利益的要求积极主动地将政治领域的一系列价值，诸如公平、正义、代表性、责任、民主等贯彻到决策咨询过程中。

由于新型智库的决策咨询是一项涉及民众的公共性活动，确保新型智库的公共性需要通过民主、开放的方式来解决。首先，智库专家要有一种双重角色意识，既是某一领域的专家甚至是学术权威，又是令人称道的知识分子。智库专家要以高度的人文关怀精神对从事的政策研究可能带来的实践后果进行深刻反思。其次，政府决策者与智库专家要建立良性的沟通对话机制。政府为保证智库专家研究的独立价值，需要将财政拨付和项目委托中出现的契约关系设计成政府决策者与智库间相对对等的规约条文，避免成为论证政府所欲求的决策方案的工具和政府资源俘获的对象。同时，建立决策咨询承诺机制。承诺制是新型智库就政府提出的各种问题的最终解决时间和可行方案进行承诺，强调按时按质拿出对涉及民众切实利益的解决方案，向政府决策者表明提出的对策建议具有针对性、可操作性和实效性。再次，智库专家和社会公众之间也要进行平等对话。公众参与既可以为智库专家理性的运用提供更具体的信息和角度，也可抑制专家理性的滥用。智库的角色之一恰恰是为公共讨论让渡并拓展空间，如果只让那些深谙政策知识交流之道的人士进入，则其实走向了智库“桥接”功能的反面。在公共对话中，公众是作为咨询专家的“对话者”存在的。“公众判断”始终是“专家判断”的重要参照系。当专家和公众发生认知冲突时，决策者将不得不重新检视专家意见的“理性化”水平。咨询过程中，专家承担着说服公众接受自己观点的任务，而这一说服过程也意味着知识的扩张和理性的提升。最后，实行对智库专家的审议公开。针对可能出现的智库专家的“道德风险”，通过对决策咨询过程加以公开，来强化针对智库专家行为的监督机制。这也会加大政府和利益团体控制决策咨询过程的难度，压缩各种“私下交易”可能存在的空间。

总之，智库专家作为知识分子中的特殊群体，应该是“专业性”和“公共性”兼而有之的“结合体”,既是某领域的专家,又是国家利益、社会正义的捍卫者和公共关怀的重要构筑者。如果只有专业性,而没有公共性,就会使智库专家深陷于权力话语的隐性规训中,丧失公益精神和公共责任。如果只有公共性,没有专业性,就无法建立有效的知识体系,智库只会变成戴着面具的游说者。新型智库建设应注重“专业性”和“公共性”的统一,使两者两相无涉且相互补充,尤其要在“专业性”基础上增强“公共性”的影响和效果,真正将新型智库建成有担当、有品位、有成效的高端智库,为政府与社会提供具有高瞻远瞩的大谋略与充满真知灼见的大智慧。

第二节　健全特色新型智库建设的内部结构

一、完善智库建设的体制机制①

智库是国家治理体系和治理能力的重要组成部分,是国家软实力的重要体现和标志。加强智库建设既是服务党和政府科学决策、民主决策,破解发展难题的迫切需要,也是回应人民期待、有效引导社会舆论的迫切需要。2015 年 1 月中共中央办公厅、国务院办公厅印发了《关于加强中国特色新型智库建设的意见》。此后,各省纷纷出台加强新型智库建设的实施意见,掀起了智库建设的新热潮,中国特色新型智库建设离不开地方智库发展。

1. 地方智库建设现状和存在的问题

地方智库按照服务对象和所在地,包括省级智库、市域智库和县域智库等。当前,我国经济社会发展基本上实行“以市带县”,且到了县级层面相关智库机构和智库人才更少,比较而言,市域智库是地方智库中较为基层和一线的智库。目前我国市域地方智库主要包括四大系统:党政部门智库、高校智库、党校智库及社会智库。近年来,市域地方智库以研究

① 本部分内容是在黄华伟撰写的《多管齐下加快地方特色新型智库建设》一文的基础上修改而成,原载《中国社会科学报》,2016 年 12 月 29 日,第 2 版。

解决重大现实问题为导向，坚持为地方经济社会发展服务，积极探索服务地方经济社会发展新途径，通过接受政府委托、承担各类项目、社科基地建设、直接参与决策等多种途径直接影响党和政府决策，提出不少有应用价值的政策建议，成为地方党委和政府决策中不可或缺的一环，也为新型智库建设发挥了重要的作用。

但是从某种程度上来说，市域地方智库建设处于起步阶段，还没有建成真正意义上的现代新型智库。总的来看，目前市域地方智库普遍少而弱，即智库型机构数量少，研究实力弱；高端人才和创新团队匮乏；高质量成果少，可操作性不强，提交的咨询报告对重大决策产生影响还不理想，等等。具体来说，有以下几个方面的突出问题：一是新型智库建设规划相对滞后。从大的层面看，市域新型智库建设缺乏制度安排和发展规划，对智库发展的目标、任务、重点和保障没有适宜的定位和要求。市域智库给地方党委和政府的感觉则是“不给力”，很多时候是用不着、想不起。市域地方智库建设不能满足经济社会发展的需求。二是智库研究能力不够强。调研发现：目前市域地方智库每年出的成果不少，但标志性的成果，特别是具有前瞻性、战略性和可操作性的成果不多。现有的很多咨询报告原则性的意见多，可操作性的措施少；哲学思辨定性研究多，量化分析数据说话少；依靠文献档案、网络资料、政府数据等二手材料多，直接调研收集的一手材料少；使用大数据、云计算等新研究范式实现决策精细化和科学化能力不够。这些导致现有的咨询报告越来越不适应现代决策需要。三是智库人才结构失衡。首先，智库的专业性人才，特别是高端人才缺乏。在党政部门智库，存在着秘书多、写手多，谋略家少、高参少等现象。在高校和党校智库，存在着研究力量分散、创新团队缺乏、咨政人才少的状况。其次，已有智库人才作用远未得到充分发挥。缺乏人才交流输送机制，智库与党政决策部门人才交流少。四是智库之间协同创新不够。目前，高校与政府部门、党校行政学院与政府部门之间壁垒较多，合作科研、协同创新不足。高校智库、党校智库、政府部门智库和社会智库各自为政，孤岛现象严重，智库建设缺乏合作共享机制，制约了智库做深做强。五是成果转化渠道不畅。智库研究成果转化渠道不畅，许多研究成果的社会价值未能充分体现。智库成果转化和传播的渠道尚未健全，调研报告、决策参考形成后除了提交上级部门参阅外，成果难以得到二次转化应用。重大研究成果完成后，一般较难以通过成果发布会、研讨会、报告会、宣讲会等进行多形式的传播，成果和政策的时效性和社会影响力发挥不足。

2. 加快地方新型智库建设的建议

当前，我国正处于经济社会发展的新常态，全面深化改革的任务艰巨，认识新常态、适应新常态、引领新常态，要求我们必须加快建设中国特色新型智库，为改革与发展提供高质量的智力支持。地方必须从推动科学民主决策、推进地方治理体系和治理能力现代化的战略高度，学习借鉴国内外先进经验，加快建设特色新型地方智库。加强地方智库建设，应该从以下方面落实。

打造一批重点地方新型智库。按照从严掌握、逐步发展的原则，从党政研究部门、高校、党校、企业、社会组织中优选一批重点智库，进行智库建设试点，着力培育一批党委和政府决策服务型智库、一批专业领域参谋咨询型智库、一批社会公共政策研究型智库、一批地方经济社会发展规划型智库。努力将重点智库打造成为地方党委和政府信得过、靠得住、用得上的智库。

搭建智库联盟平台，强化协同创新机制。打破高校与高校、高校与政府部门、高校与科研机构之间的壁垒，改变单兵作战，形成协同研究、协力攻关的智库合力，构建多元化协调发展的新型智库发展新格局。各级党政机关要切实加强对智库建设工作的顶层设计，以建设新型智库联席会议或联盟为平台，加强党政、党校、高校、社会智库之间的交流合作。可以设立市域新型智库建设联席会议或者智库联盟，由分管市领导担任会议（联盟）主席，市委政研室、市政府经济研究室、市委党校、高校、社科联、科协等为成员单位，有效整合决策咨询行业的专家库、信息库、成果库，建立互动合作机制。

落实信息公开与重大决策制度。加强智库建设，制度是保障。一是健全政务信息公开制度。党政部门要落实党务政务公开的有关规定，依法主动向社会公开信息，改变智库在信息上的不对称、不及时、不全面的状况。二是完善重大决策专家咨询和评估制度。切实落实政府重大行政决策程序规定和重大行政决策听证。推行政府内部评估与智库第三方评估相结合的评估模式，对重大改革方案、重大政策措施、重大工程项目进行论证评估。

建好智库人才“旋转门”机制。人才是智库的核心竞争力所在。首先，创新人才选拔培养机制。通过支持挂职锻炼、定向委培、跨学科培训等进行能力培养。定期选派骨干研究人员到国内外一流高校和智库访问研讨、做访问学者，培养一批具有国际视野、理论功底扎实的智库建设和发展领头人。其次，推动非党政部门智库优秀人才到党政机关交流挂职。让他们熟悉党政机关运作，成为既有理论研究能力，又有管理实践能力的综合性人才，提高智库人才的战略性、全局性思维。此外，要推动体制内智库之间智库人才的互聘，畅通离任党政干部从事智库研究的渠道。

完善评价与激励机制。建立和完善以能力和贡献为导向的人才评价和激励机制。一要建立人才考核激励机制。建立健全与岗位职责、工作业绩、实际贡献紧密联系的薪酬制度，对优秀研究成果获得高级别领导批示、转化为决策应用的研究人员，在职称评审、选拔任用、荣誉授予时予以优先考虑，并给予表彰和资金奖励；从制度上明确研究人员在研究咨询经费中智力报酬的比例，激发智库人才不断创新的积极性和主动性。二要加大社会科学应用研究成果奖励力度。在省、市级社会科学优秀成果奖中专设决策咨询研究成果奖，专门奖励服务地方特别是经济社会发展的应用对策成果，奖励范围包括党政、高校和其他智库的应用研究成果。

畅通成果转化渠道。强化政府决策部门与智库的合作。政府政策研究机构应定期发布决策需求信息，引导重点智库开展政策研究、决策评估工作。建立智库成果政府采购制度，明确智库提供的战略研究、咨询报告、政策方案、规划设计、调研数据等，均可纳入政府采购范围和购买服务目录。建立成果传播的平台，通过举办成果发布会、研讨会、高端论坛、宣讲会，出版经济社会发展皮书等活动，加大智库重大研究成果宣传力度，充分利用微信、微博等网络新媒体，扩大社会影响力。

二、推进智库课题制管理模式改革[①]

1999 年我国在国家科技计划中实行课题制以来，我国财政科技投入快速增长，科研项目和资金管理不断改进，为科技事业发展提供了有力支

① 本部分内容是在黄华伟、杨端光撰写的《课题制管理模式的问题与对策》一文基础上修改而成，论文原载《中国社会科学报》，2016 年 10 月 25 日，第 1 版。

撑。近年来,随着形势的发展,课题制管理出现了一些弊端,暴露出一些问题,应加快推进社科课题制科研管理模式改革。

1. 当前管理模式存在的问题

当前,社科课题制管理中存在着若干突出问题,导致了部分社科课题在申报、研究、结题中出现了一些学术失范现象,不容忽视。

课题多头申报屡禁不止。现有社科类课题在体系布局、管理体制、运行机制、总体绩效等方面都存在不少问题,突出表现在计划碎片化和课题取向聚焦不够两个问题上,具体表现为课题布局缺乏顶层设计和统筹协调,重复、分散、封闭、低效等问题突出,分类资助方式相对不完善。据统计,现有的近100个中央财政科技计划(专项、基金等),由近40个部门管理。资金量比较大、覆盖面比较广的中央财政经费中的社科类课题,现在分属于国家社科规划办、国家自然科学基金委、教育部、发改委、科技部等十多个部门和近30个社科基金项目;大多数行业的管理部门、各省市区政府及其组成部门,都有一定的科研经费,发布一定数量的科研课题。由于部门之间课题立项衔接不够,没有统一的项目数据库,导致课题查重困难,科研人员以同一内容或者稍微"改头换面"多头申报项目、多渠道获得资助的学术失范现象屡禁不止。

研究发现:课题经费使用不合理、不合规现象比较普遍。社科工作者对于社科课题经费管理制度批评意见很多,认为严重打击了科研工作者的积极性。一是刻板的科研经费管理脱离了科研的真正需要,经费管理过严,程序繁琐,科研经费使用困难,报销经费耗费科研人员大量精力,出现经费使用不合理等问题。二是不注重社科特殊性,背离了文科科研现实,对文科科研人员的智力投入不予以承认和尊重,经费管理见物不见人,不利于激发研究人员的创新热情。

一个值得注意的现象,课题结题助长出版资源牟利。社科项目管理中,存在着重立项、轻结项,严过程、轻成果的现象,特别是结题成果鉴定上,重数量、轻质量。有的课题管理部门,还以论文发表的刊物是否是核心期刊(如CSSCI)、著作出版社是否是国家百佳出版社等为标准,代替了严格的同行专家评议。从现状来看,这种"以刊论文"的方式,一定程度上助长了学术刊物以出版资源牟利的学术失范的行为,造成了学术出版公共资源"劣币驱逐良币"现象,浪费了宝贵的学术资源。再者,即使是发表(出版)在有严格同行评议的学术声誉度高的期刊(出版),也只能表明论文或者著作在创新性等方面有学术价值,符合期刊(出版社)的发表(出版)标准,而不能认为该成果就达到课题研究的要求。现实中,文题不符,报送的课题验收成果的题目和内容偏离课题立项设计,与课题研究内容不太相关,在各种项目结题的成果鉴定中,占据一定的比例。针对上述问题,当前亟待健全社科课题制管理,我们提出以下对策建议。

2. 加强立项顶层设计

加强社科课题立项顶层设计,解决申报中的学术失范行为。要彻底改变社科课题政出多门、九龙治水的格局,优化整合各类课题等,在顶层设计上减少课题申报中的学术失范行为。

当前应加大社科课题经费投入。要按照哲学社会科学和自然科学同等重要的原则,确定社科项目经费与科技项目经费合理比例和同步增长速度,加大社科项目经费强度、扩大项目资助覆盖面,满足当前社科科研发展的需求。财政部门要加强统筹,做好各类社科基金年度预算方案的综合平衡。建立各类社科基金的绩效评估、动态调整和终止机制。对于立项数量小、经费资助少的项目予以合并或者撤销,建立健全统筹协调与决策机制。

相关部门应建立社科课题管理平台。建设国家社科管理信息系统,推进项目立项评审和管理的信息化建设,完善查重机制,防范学术失范行为。统筹社科资源,建立公开统一的国家社科项目管理平台。有关部门和地方在现有各类科研项目数据库基础上,按照统一的数据结构、接口标准和信息安全规范,建成国家社科项目数据库;实现与地方科研项目数据资源的车联互通,建成统一的国家社科管理信息系统,并向社会开放服务。逐步推行网络评审和视频评审,对评审立项全流程实现信息化管理,让立项评审过程“可申诉、可查询、可追溯”。

进一步完善社科课题资助体系。通过完善资助体系,防范学术失范行为。以问题为导向,坚持基础理论研究与应用对策研究并重,根据国家和地方现实和长远的需要确定科研项目选题,并且针对有重大学科意义和社会价值的自由选题给予重点资助。课题管理以“结果管理”理念为中心进行制度改革,通过同行评议对科研成果进行把控,减少繁复的过程监管,增加结果评定后的结题奖励和追责机制。丰富科研资助形式,增加后期资助、赎买制、滚动资助、应急资助等形式，鼓励自由探索和自主科研。

3. **加快经费管理改革**

加快社科课题经费管理改革，杜绝使用中的学术失范行为。建立健全与科研人员岗位职责、工作业绩、实际贡献紧密相连的分配激励机制，规范直接费用支出管理，科学界定与项目研究直接相关的支出范围。一方面，加大对课题组成员中科研人员绩效奖励，以彰显对智力劳动的支持。目前，科研人员对于课题经费的最大期盼，是尊重人文社科科研的特殊性，从"以物为本"转为"以人为本"，也就是说承担课题的人能从项目中拿到绩效。另一方面，改革横向科研经费管理制度，以强化服务社会职能。对以市场委托方式取得社科类的政策咨询、研究报告、规划方案等横向课题，要改变科研经费管理体制和使用机制，必须纳入单位财务统一管理，但要简化程序，注重结果导向，经费使用由项目承担单位按照委托方要求或合同约定管理使用。推进新型智库建设，有关智库成果实施"课题赎买制度"，作为智力服务，纳入政府采购范围集中购买课题科研成果，直接取消经费管理环节。

4. **完善成果管理机制**

完善社科课题成果管理机制，严禁结题中的学术失范行为。不断完善社科成果库。对中央财政资金支持的科研项目，项目承担者必须按规定提交成果报告，成果报告提交和共享情况作为对其后续支持的重要依据。当前，国家社科基金、教育部人文社科基金项目等已经初步建立了各自的成果数据库，但统一的成果数据库还有待完善。有关社科管理主管部门要会同有关部门建立国家社科成果共享成果库，制定社科成果的标准和规范，实现国家资源持续累积、完整保存和开放共享，发挥社科课题成果的智库作用。

推进实施严格的同行评议。建好专家队伍，坚持学术先行，强化专业定位，按照业务精、作风正的要求，把同行评议专家打造成为学术活动的主体和承担者，成为学术规范的制定者和执行者，也成为学术评价的助力者和完善者。依靠同行专家，在课题评审、结题鉴定、成果出版等方面，坚决实施同行评议，抓好成果质量。为排除各种人情、关系、面子上的干扰，部分课题成果鉴定可以实施匿名评审制度，保证评审结果的客观、公正。

三、推动智库品牌化建设①

品牌即招牌，对于智库来说，品牌就是智库的“拳头”产品。推进中国特色的新型智库建设，必须将智库品牌建设作为必由之路。

1. 智库品牌具有四大特征

一是系统性。智库的品牌体现在方方面面，分布在不同领域，既体现为品牌学科、品牌专家，也体现为品牌成果、品牌工作，还体现为品牌团队、品牌平台，是一个全面、系统、平衡的有机体。二是层次性。智库品牌有层次的高低之分，既有省级层面的品牌，也有国家层面的品牌，还有国际层面的品牌。同时，智库品牌还有核心品牌与支撑品牌之分。品牌学科与品牌专家是智库的核心品牌，其他品牌都要围绕这两个核心品牌来开展。三是动态性。智库品牌的建设与巩固是一个动态发展的过程。四是公认性。品牌的称号不能自封，成为智库品牌具有基本的评价标准。从学科和专家品牌来说，主要有六个公认指标：学术专著是否在国际或国内权威出版社出版；是否在重要的学术会议或国际组织担任理事以上职务及专业委员；是否经常应邀参加国际专业领域的高端会议，是否担任国际国内权威期刊的编委或顾问；是否在国际 SSCI、AMHCI 期刊和国内的权威报刊发表规定字数的文章，并具有较高的他引率；是否有国家级课题立项；应用成果是否得到高层领导的肯定性批示或进入决策。从团队品牌来说，就是要成为社会上叫得响、信得过的研究团队。从平台品牌来说，就是要成为学界或官方认同的知名研究机构、咨询中心等。

2. 智库品牌建设应遵循六条原则

一是视野上要“宽”。横向上要具有全球视野，要站在立足全国、影响世界的角度来谋划品牌、创建品牌与经营品牌；纵向上，要具有历史纵深，要站在人类文明史、人类发展史的角度来谋划品牌、创建品牌和经营品牌。二是定位上要“特”。要高度注重特色领跑、优势优先、错位竞争，在扬长避短、分化发展中实现智库品牌的高端性、稳定性。三是数量上要“精”。智库品牌的打造要突出重点，宜少不宜多、宜精不宜糙，摊子不能

① 本部分内容是在周湘智撰写的《智库建设应走向品牌化》一文的基础上修改而成，原载《中国社会科学报》，2014 年 8 月 1 日，第 B02 版。

铺得太大。四是层次上要“明”。要注重多中心互动、多层次和谐、多特色互补。五是方式上要“活”。既围绕有成果创品牌,也要围绕发展需要创品牌;既创立品牌,也传承品牌;既依靠少壮派的发奋努力,也发挥老专家的重要作用。六是机制上要“实”。要建立严密、科学的领导分工负责制,实行层层包干到位;要建立品牌发现与培养机制,使品牌建设与时俱进,生生不息;要建立人才引进对口机制,有针对性地引进品牌建设紧缺的各类人才;要建立品牌考核与退出机制,实行动态管理。

3. 智库品牌建设的五大实施要领

一是畅通品牌创建流程。抓好顶层设计,制定高质量的实施规划、建设标准、考核评价办法,为品牌建设提供依循。精心遴选品牌建设的实施项目,遴选出重点建设的品牌学科、品牌专家、品牌团队、品牌平台,并予以重点支持。定期开展品牌建设项目的评选考核工作,加强智库品牌建设的过程管理。二是巩固智库领导核心。智库领导层要以切实当好引领方向的“舵手”为目标,着力在不断提高管理能力上下功夫,努力使自己成为实战型、导航型、专业型的管理者。三是打造过硬科研队伍。科研人员队伍要以切实当好智库业务的“里手”为目标,造就一批高端领军型人才、培养一批高端专业型人才、储备一批高端应用型人才。四是强化中层管理骨干。智库中层管理骨干要以切实当好部门管理的“能手”为目标,把智库建设的思路变为举措,把举措变为行动,把行动变为效果,保证智库品牌战略在本部门得到贯彻落实。五是做好行政科辅服务。行政科辅人员要以切实当好智库同仁的“扶手”为目标,大力提高服务质量,不断增加服务投入,为智库产出学界认可、政界认同、社会认知的研究成果奠定基础。

5. 智库品牌建设要搞好四项保障

一是为品牌创建提供制度支撑。要建立健全品牌建设的相关管理制度,从品牌建设规划、预算管理、教育培训、品牌维护、信息上报、目标考核等方面制定相应的管理办法。二是为品牌创建提供财务支撑。要本着开源节流的原则,积极做好各项资金的争取工作。做好经费的绩效管理工作,切实提高资金使用效益。三是为品牌创建提供舆论支撑。要做好智库品牌的宣传规划,有步骤、有计划地做好智库品牌的策划、包装、推介、传播等工作。四是为品牌创建提供环境支撑。要形成用人唯贤的浓厚氛围,牢固树立唯才是举、德才兼备的用人导向。要形成团结和谐的浓厚氛围,始终做到思想同心、目标同向、责任同担、成果同享。

四、促进智库有序竞争①

竞争是新型智库建设的重要组成部分,是保持智库活力和健康发展的重要手段,是优化智库资源配置和营造发展环境的重要杠杆。中国智库索引(CTTI)将智库划分为党政军智库、社会智库、高校智库等十个类型;上海社会科学院智库研究中心则将智库划分为党政军智库、社会科学院智库、高校智库和民间智库四类。因此,新型智库建设进程中,智库竞争不可避免,不论是新建智库,还是智库发展资源的获取、智力产品的输出和转化都将面临激烈的竞争,有序竞争是确保各类新型智库在竞争中发展壮大的重要保障。反思当前中国新型智库建设面临的诸多困境不难发现:政府委托智力生产带来的竞争缺位和寻租等行为形成的无序竞争同时存在,导致智库建设同质化、形式化以及智力产品质量低下等现象严重,扰乱了智力市场秩序,削弱了智库的竞争力,制约着新型智库的健康发展。有序竞争是实现新型智库健康发展的重要路径,推动思维转变、机制创新、市场开放、监管优化和资源整合是促进各类新型智库有序竞争的关键。

1. 转变发展思路,树立竞争理念

财政投入是长期以来各级智库建设和发展的主要经费来源,“委托—生产”的智力服务模式在政府决策咨询过程中占据主导地位,智库建设和发展对公共资源有着极强的依赖性,形成了一套缺乏竞争意识和竞争动力的智库发展思路。促进智库有序竞争需要在政府和智库共同作用下实现,一是政府部门在竞争理念的指导下转变智力产品采纳思路,以公平竞标的方式选择智库提供决策咨询服务,扩大智力产品的供给主体范围,实现由委托智库提供智力服务向购买智力产品的方式转变,引导智库朝着有序竞争的方向发展。二是智库主体要增强竞争意识,智库规模的扩大和智力市场的开放必然导致智库在外部资源、发展空间、智力产品等方面

---

① 本部分是在李悦鸣博士生《促进各类新型智库有序竞争》一文基础上修改而成,原载《中国社会科学报》,2017年8月17日,第2版。

展开激烈的竞争，新型智库建设首先要摆脱“等、拿、靠、要”的发展思路，合理确定智力研究领域和方向，以高质量的智力产品扩大自身影响力和竞争力，在法律法规的规制下有序的参与智库竞争。

2. **创新体制机制，营造竞争环境**

完善的制度机制是智库有序竞争的基础。现阶段，智库竞争机制建设滞后成为制约各类新型智库有序竞争的重要瓶颈，形成竞争缺失与无序竞争并存的局面，严重影响了新型智库的健康发展。智库竞争机制是一个完整的制度体系，反映竞争主体之间的静态结构与智库竞争各环节的动态运行形式，具有结构性、系统性和稳定性的特征，是智库竞争有序开展的重要保障。创新智库竞争机制营造良好的竞争环境，是促进各类新型智库有序竞争的基础所在。一是要建立智库竞争的法律法规体系，确保智库竞争有章可循、有法可依，运用法律的强制性和权威性切实维护竞争主体的利益，实现智库间的有序竞争。二是要健全智库竞争机制，探索和建立智库竞争的方式、方法和程序，合理布局新型智库建设，培育智库竞争主体，激活智库竞争市场，引导新型智库进行有序的竞争。三是要完善决策咨询制度，丰富和完善政府决策咨询方式方法，健全智力服务需求信息公开制度，完善招标和采纳机制，为各类智库的有序竞争营造出良好的环境。四是建立智库评价机制，建立一系列指标对智库影响力、竞争力进行评价，同时对智库产出的智力产品价值进行计算，为智力产品在竞争中进行比较创造条件，避免恶意竞争行为扰乱智力市场，为各类新型智库有序竞争营造良好的环境。

3. **开放智力市场，搭建竞争平台**

智力市场是各类型智库展现自身竞争力和扩大影响力的重要平台，同时也是智库参与决策咨询实现智力转化的重要载体。政府部门决策咨询长期以“委托”的形式购买受委托智库的智力产品和服务，很大程度上扼杀了智库通过竞争性的方式提供决策咨询服务的可能性，没有形成完整的智力市场，智库智力产品的转化处于一种较为封闭的状态。立足相关制度机制制定开放智力市场的时间表，有步骤地实现打开智力市场，将更多的智库主体纳入智力市场体系之中。通过开放智力市场将决策咨询由单一的“委托—生产”方式向“发布信息—智力设计—智库竞争—政府购买”的方式转变，以智力产品价值为主要采纳依据，将智库间的竞争转化为智力产品的竞争，削弱智库本身对竞争结果的直接影响，为各类新型智库有序竞争提供新的路径和方式。良好的竞争平台是智库有序竞争的重要因素之一，建立决策咨询招投标中心和决策咨询网络平台，提升决策咨询信息透明度，各类智库通过平台自由的获取政府部门所需的智力服务类型和指标要求，开发的智力产品进行招投标竞争，为促进智库有序竞争提供平台保障。

4. 优化监管模式，规范竞争秩序

科学的监管方式是确保智库有序竞争的重要手段。针对当前智库竞争监管呈现出的监管乏力、监管执行不力和监管模式陈旧等问题，推动监管模式优化和创新是促进智库有序竞争的一个重要着力点。完善的智库竞争监督模式要通过完善的监管职能促进智库竞争和优化智库布局，实现智库的有序竞争和健康发展。一是建立专业性的智库竞争监管部门，增强对智库竞争监管的连续性、稳定性和专业性，以有效的监管方式规范智库竞争秩序，促进智库有序竞争。二是健全智库竞争监管体系，出台相关法律法规确保监管智库竞争有法可依，引入市场、社会等多元主体参与监管过程，进一步明确监管范畴和主要监管内容，以有效的监管规范竞争秩序，提升智库竞争活力。三是创新监管方式，借助信息技术的优势，对智库竞争进行全程监管，通过对关键数据节点、数据流的监管，全面分析各种因素在促成智库竞争结果中所占权重，以此判断智库竞争的有序程度，推动竞争秩序的规范。此外，推动智库间的竞争性监督，发挥各类智库的专业和智力优势，互评智力产品和服务的质量，以同行监督规范智库竞争秩序，促进各类新型智库有序竞争。

5. 整合智库资源，提升竞争能力

政府扶持和市场需求极大地刺激了智库发展，智库总量跃居世界第二位，涌现出一批在国内外具有重大影响的高端智库，新型智库建设成效显著。但是由于缺乏统一的规划和布局，智库重复建设现象严重，缺乏影响力的民间小型智库数量众多，智库建设良莠不齐，制约智库间有序竞争的实现。有序竞争建立在智库实力和智力产品质量相当的基础之上，充分发挥政府和市场的作用引导同类型、同领域的智库进行有计划、科学的整合，以建立智库联盟的形式实现“合库”，整合和集聚智力资源，形成一批具有较强竞争力和影响力的新型智库，为智库的有序竞争创造条件。

在“合库”的同时淘汰一批规模小、经费少、智力欠缺以及同质化严重的智库，推动智库的减量提质，增强智库的竞争力。整合智库发展所需的外部资源，不同类型、不同层级的智库合理安排财政资金，引导社会资金进入智库领域，为智库健康发展和提高智力产出质量、参与公共决策咨询服务提供保障，为促进各类新型智库有序竞争创造良好的条件。

第三节　完善特色新型智库建设的政府责任

一、优化发展的政治生态[①]

新型智库能否为党和政府提供创新性、前瞻性、客观性、中立性的政策建议，能否健康可持续发展，不仅取决于新型智库的自身建设，而且取决于智库发展是否具有优良的政治生态。政治生态强调的是从新型智库与其环境的互动关系中促进其健康可持续发展，并在新型智库内部诸组成部分的互动及与外部环境的沟通中实现协同进化。优良的政治生态为新型智库的良性发展提供了可能，而政治生态的无序与失衡是新型智库建设面临困境的根本原因。决定与影响新型智库发展的政治生态大致可分为两个层次：一是对新型智库发展起刚性约束作用的政治制度生态；二是对新型智库发展具有软约束作用的政治文化生态。

1. 新型智库需有效的制度渠道

政治制度一般包括法律、法规和规范性行为准则，以及公共权力运行的机构设置和运行机制。政治制度是政治行为的框架和准则，对政治行为起到规范性作用，可以增加政治行为的可预知性。政治制度为新型智库功能的发挥提供了基本的政治土壤。如果政治制度的设计存在缺陷或问题，新型智库的发展必然是“沙滩上的楼阁”。

政府如何保证新型智库能够获得独立的决策地位，而不被当作政治的附属品，以及建立有效的制度渠道促进智库专家获得决策地位，是新型

① 本部分内容是在余敏江撰写的《优化新型智库发展的政治生态》一文的基础上修改而成，原载《中国社会科学报》，2015年11月5日，第2版。

智库发展的必要条件。不可否认的是,在“知识—权力”建构的整体运作体制中,虽然强调新型智库的角色和功能,但其并没有获得“有效行动的空间和能力”。智库专家是否参与、以何种形式参与并不是制度设计的必然,更多取决于决策者的主观意愿,具有较大的偶然性与随意性。在一些地方,智库咨询成了“走过场”,或者变成了“为论证而论证”,呈现出为决策出台做注脚的“迎合化”倾向,其专业性和科学性难以得到保证。解决这一问题,需要在法律制度上将智库咨询纳入政府决策体系,使之成为决策过程的法定程序。凡是涉及全局性的重大问题,以及专业性、技术性较强的重大决策事项,出台前都应经过智库专家的充分咨询论证。

智库专家的“充权”(Empowerment)制度是新型智库的有力条件,是促进决策体制框架中智库专家独立性和话语权的有效途径。与之相配套的是需要健全政府信息公开制度。新型智库的核心竞争力在于前瞻性、预见性。进行有效的战略性预测的重要前提在于能够获取政府内部的“隐性知识”和完备的即时数据。然而,从当前中国的实际看,大部分智库还无法获取这种必要的优势。即使是体制内智库,除少数“核心”智囊机构拥有能获得信息、资源和人脉关系的先天优势外,大都缺乏联络沟通和获取内部信息的渠道。这样一来,大多数智库专家的政策建议通常流于形式或“无的放矢”,反过来导致政府对智库专家能力的不信任。推动新型智库快速健康发展,要全面推动政府信息公开。其一,亟须出台政府信息公开的相关法规。该法规应包含公共财政、公共资源配置、公共服务和重大建设项目等方面的信息。同时,要逐步统一对新型智库信息公开的标准,并对信息公开的范围、方式、程序等细节问题做出明确规定,切实疏通智库专家获取信息的渠道。其二,要建立健全信息公开的责任追究制度。明确政府信息公开的职责、标准和渠道等。政府只有真正做到信息公开,才能在制度上公平地将“体制外”智库纳入公共决策的程序,打破决策权力集中或“体制内”智库垄断、封闭决策的情况,形成“体制内”智库与“体制外”智库充分竞争、互动发展的态势。

除了要营造宽松的外部制度环境以外,促进智库专家理性参与决策不能仅靠专家自身的社会责任感,还要建立政府购买决策咨询服务制度。只有政府购买决策咨询服务,政府才能组织“第三方”对决策咨询的效果、效能进行评估,进而促使新型智库提供优质、科学、经得起检验的知识产品。如果政府还习惯于智库成果应当是低代价甚至无偿向政府提供的思维,必然导致咨询市场的发育程度严重不足。因此,需要探索建立政府主导、社会力量参与的决策咨询服务供给体系,稳步推进提供服务主体的多元化和提供方式的多样化,从而提升公共决策的科学化、民主化水平。

2. 文化生态的“软约束”作用不容忽视

新型智库的发展不仅有赖于优良的政治制度生态,更取决于优良的政治文化生态。与显性的制度约束相比,政治文化对新型智库的影响表现为一种隐形的、潜移默化的软约束。按照美国学者塔尔科特·帕森斯的观点,文化环境、社会环境、心理环境、生物环境构成行动总系统的四个子系统,这四个系统对行动具有控制性质,控制能力的等级次序有大有小,但文化系统位于控制等级上层,因而在某种程度上决定了社会系统的方向,社会活动体系主要借助于文化系统结构。而政治文化则是一个民族在特定时期流行的一套政治认知、态度和情感。当民族国家的政治文化形成之后,便会以弥散性的方式对社会政治生活的诸多方面产生影响。即使社会制度发生较大变革,政治文化的传承也不会瞬间断裂,反而会凭借巨大的惯性,重新渗透到政治系统之中,与新的政治因子相混合,继续发挥无形的作用。由此可见,政治文化持续地影响着政治体系中每一个政治角色的行动,特别是对以影响公共政策为明确目标的智库,政治文化不但确定其行动的动力和缘由,而且决定其价值目标的选择。

尽管现阶段趋向独立、追求平等、重视权利已逐步成为人们普遍接受的观点。但受传统文化惯性的作用,“官本位”“权力崇拜”和“臣民意识”的文化积淀依然十分厚重。中国传统文人一直是以“学而优则仕”为处世原则,包括智库专家在内的许多知识分子存在对权力的追求。这种对权力的迷信和盲从,会导致唯上,而不是从客观实际出发,以真理为标准。“和为贵、忍为上”等传统观念的延续势必对智库专家的科学精神、大胆探索和积极建言献策构成深层次的障碍。民众中普遍存在的“崇圣意识”“依附心理”必然损害智库专家的参与理性和创造力。在这样的政治文化氛围下,即使新型智库的数量和规模都上来了,但由于缺少足够的参与型政治文化资源的支撑,新型智库的运行可能会流于形式,甚至有可能出现畸形发展态势。

培育风清气正的参与型政治文化已成为当务之急。无论是体制内智库还是体制外智库，都应当在智库专家中强化道德伦理教育，践行“三严三实”，并在优秀传统文化中汲取营养，培育智库专家的道德良知和“敬畏之心”，使“他律”转化为“自律”。同时，政府部门要积极为智库专家营造良好的交流氛围，允许智库专家在国家利益和社会民生的框架内，独立思考、大胆建议，为决策提供科学、理性意见。唯有如此，才能凝聚起新型智库的共识共为，为全面深化改革提供有效的智力支持。

二、推进发展的体制革新①

近年来，中国新型智库建设迎来了发展的“黄金时代”。新型智库的规模、产出和信誉均有所提升。然而，中国智库的总体质量与欧美发达国家相比还处于劣势，迄今还尚未涌现出如布鲁金斯学会、兰德公司等具有重大国际影响力的智库。从整体上来说，大多数智库都比较偏重于对政府政策的解读和宣传，相对独立、可操作性强、管用的研究较少，创新性以及开放活跃的讨论也都较弱，同质化重复建设的问题较为突出。智库建设的质量不高，不仅影响其自身的生存空间，影响决策的科学化、民主化水平，而且还影响到国家治理体系和治理能力现代化的进程。在经济社会的大转型过程中，破解各地区、各行业、各领域的转型发展难题，客观上要求决策咨询制度和咨询市场不断完善。在这种背景下，建设“质量型”新型智库不仅非常重要，而且尤为迫切。

体制缺陷是“质量型”新型智库建设的最大障碍。建设“质量型”新型智库，必须依照智库发展的特点和规律，逐渐破除传统智库管理中的体制藩篱，协调体制属性和政策研究独立性之间的关系，实现由政府的附属部门转变为具有独立性较强的政府“外脑”，以此来激发新型智库追求高质量的内部动力，不断提升新型智库的影响力和公信力。

1. 改革“谋”与“断”不分决策体制

国内知名度较高的智库大多是官方、半官方智库，他们与决策中枢系统有着直接或间接的行政隶属关系，其经费来源基本上是由政府财政负担，研究人员也往往与行政级别挂钩。在这种体制格局下，决策过程局限

① 本部分内容是在余敏江撰写的《建设“质量型”智库急需体制革新》一文的基础上修改而成，原载《中国社会科学报》，2015年12月24日，第2版。

于政府系统内部，政府决策中邀请智库专家论证时大多是事先定好“调子”，仅是需要一个“可行性论证”而已。这样一来，大多数官方、半官方智库对事关战略利益的探索性课题鲜有主动研究，所提供的研究成果中官话、空话过多，独立性、批判性、创新性的成果较少，决策咨询过程中的“智力空投”现象较为严重。究其根本，在于“谋”与“断”分工不够清晰，甚至没有“谋”的制度设计，只有“断”的结果实施。

如果集“谋”和“断”于一身的政府决策及决策咨询体制不改革，高质量新型智库建设就没有生存和发展的空间。实际上，在现代决策过程中，决策系统和咨询系统是相互独立又相互支撑的两个系统，不能合而为一。对于政府决策者而言，智库专家存在的价值是为政府提供理性决策“外脑”，更重要的是，智库专家的政策分析是政府决策者客观评判各利益相关者不同政策主张科学性与否的重要工具。因此，要切实把新型智库的决策咨询工作摆在重要位置，深入政府决策者的思想，并且以立法和制度的形式将决策—咨询机制予以规定，形成中枢系统与咨询系统的良性互动，既保证谋、断相互独立，又做到以“谋”助“断”。

2. 提升决策咨询系统社会化程度

科学决策的关键是看有没有独立于权力系统之外的多样化的决策咨询组织。“多样化”体现在智库的组成多样化，体现在有不同声音、不同的解决方案，提供给决策者作为参考备选。当前，政府决策咨询主要是由政府部门内部的政策研究室承担，受条块分割体制影响，政策研究室的运行机制不够灵活，难以针对公众关心的重大问题，自行选题进行深入、自主的研究，有时不得不服从某些部门的局部利益，这种情况制约了决策咨询的独立性。更为严重的是，目前中国政府决策咨询主要还是“个体咨询”，决策咨询人员往往以个人身份发表意见，传达给中枢机构，其最大弱点就是偏好明显，在进行咨询时片面强调自己所熟悉的知识，容易对决策产生误导，这势必会影响决策质量。究其原因，在于缺少社会化这一平台。

推动政府决策咨询的社会化，应从以下几个方面入手：第一，充分发挥高校及各级社科院决策咨询作用。从目前的情况看来，高校及各级社科院作为决策咨询的重要机构，所起的作用比较有限。实际上，高校和各级社科院作为由公共知识精英聚集形成的学术研究组织，具有其他类型智库所不具备的功能优势,如多学科优势、知识储备雄厚、社会公信力较强,等等。充分发挥高校和各级社科院的作用,既有利于其提供紧密结合政府决策需要的研究成果,也有利于智库坚持正确的政治方向。这就需要政府为其提供平等的参与机会,关键在于政府决策部门扩大采购范围。除了办公物品采购和服务采购外,还需将决策咨询服务作为政府采购服务的重要组成部分,纳入到各级政府采购范围和政府购买服务的指导性目录。唯有如此,才能把各级社科院和高校真正纳入决策咨询之中。第二,大力发展民间智库。民间智库具有贴近公众的优势。民间智库的参与使政府决策更易吸纳多元社会声音,更易包容社会各方面利益诉求,更易感受民众的真实需求,当然也就更有利于各方利益的平衡与协调。大力发展民间智库不仅可以克服政府部门的内部决策咨询机构在搜集真实信息方面的局限性,更为重要的是,民间智库可以保持决策咨询研究的持续性和系统性,克服政府部门内部决策机构因决策者变化和决策者注意力转移而影响决策咨询的弊端。此外,建立决策咨询中介组织。中国现有的各类智库在政府决策中已经发挥了一定作用,但是"决策"与"咨询"两张皮的现象仍然存在。决策咨询中介组织就是在政府决策机构和智库之间发挥中介作用的组织。这种组织的主要职能有:接受政府决策部门的委托,发布决策咨询研究的信息、课题和资料,使智库及时了解政府决策的需求,并掌握大量的实际资料,进行准确、切合实际的咨询研究;协调、评审、组织合适的智库对政府重大决策和重大政策出台提供咨询论证;督促、检查智库研究的进度,评估验收智库研究的成果。决策咨询中介组织的存在,在某种程度上可以优化政府决策。

3. 加大政府对新型智库开放力度

智库的核心竞争力在于预见性、前瞻性,而进行有效的战略性预测或研判有一个重要前提,即智库专家能够密切接触决策层和核心人员,并能第一时间获取相应的信息资源,否则,智库专家的研究只能隔靴搔痒,鲜有科学性、针对性和实效性。当前,大多数智库缺乏政府内部的"隐性知识"和完备的即时数据,智库并没有获得"有效行动的空间和能力",导致智库专家的政策建议通常流于形式或"无的放矢",进而导致政府对智库专家能力的不信任。这不仅隔断了智库专家与政府决策者之间互动的渠道,而且还强化了政策制定权力中的原有配置。结果,政治系统变得封闭,尤其是政策问题建构过程变得更为封闭。打破权力对知识的垄断结构,使智库专家获得政府决策话语权并对政府决策权的行使进行理性化制约,形成智库专家的参与权与政府决策权之间的制衡,需要政府提升政策制定体系和过程的开放性。由于建构的开放性,政府决策变得更加透明,从封闭决策到专家参与,从垄断决策到共享决策。这里的开放性不仅包括政务公开、信息公开,还包括政府对智库专家的审议公开。信息平台和数据库建设是"质量型"新型智库建设的短板。当前最重要的是建立政府信息共建共享数据平台,实现跨部门、跨领域、跨智库的信息互通、成果共享。政府对智库专家的审议公开同样有重要的意义:一方面,便于社会公众了解智库专家的观点、顾虑和假设;另一方面,有助于形成政府官员与智库专家的创造性张力。政府的开放性为新型智库多线条、多面立体参与政府决策提供了可能,亦增强了政治系统对智库知识流入的接纳程度和包容性,为新型智库决策咨询功能的发挥提供宽松的制度环境。

三、强化建设的政府责任①

2013 年党的十八届三中全会报告提出,"加强中国特色新型智库建设,建立健全决策咨询制度"。2015 年 1 月,中央发布了《关于加强中国特色新型智库建设的意见》,标志着中国特色新型智库建设正式上升为国家战略。在中国特色新型智库建设过程中,各级政府起着至关重要的作用,政府作用的发挥程度直接决定了中国特色智库建设可能取得的成绩。因此,要准确定位政府角色,充分实现政府责任,推进中国特色新型智库建设的跨越式发展。

1. 制度供给者

制度是关于组织和个人活动的结构性安排,是特色新型智库建设中至关重要的影响变量,要充分发挥政府作为特色新型智库建设制度供给者的作用。

首先,政府应着力完善特色新型智库建设的需求侧制度体系。智库的建设与发展有赖于强烈和持续的社会需要。经济社会发展尤其是各级

① 本部分内容是在颜佳华、刘超撰写的《强化智库建设中的政府职责》一文的基础上修改而成,原载《中国社会科学报》,2017 年 5 月 4 日,第 2 版。

党委、政府对高水平政策研究成果有持续强烈的需求，是支持中国特色新型智库跨越式发展的现实基础。为此，应从法律上完善政府重大决策的专家咨询制度、听证制度，将智库的参与作为重大决策制定的前置程序。同时，要大力推动现代决策体制改革，实现“谋”“断”相分离的同时又紧密互动，加强智库的“谋”与政府的“断”之间的相互依赖、相互渗透，深化政府决策过程与智库咨政服务的联系。

其次，政府应着力完善特色新型智库建设的供给侧制度体系。新型智库建设供给侧制度改革的主要任务是通过内外部制度改革优化智库职能，提升智库效能，增强智库影响力和公信力。当前，我国特色新型智库建设成绩斐然，但也不可避免地存在一些问题，如极少数机构借科学研究之名，行聚敛钱财之实；一些机构内部治理机制混乱，导致运行低效。为此，政府应制定和完善有关法律法规，逐步建立完善的智库管理制度体系，建立严格的智库管理机制、智库内部日常运行监督制度以及多元化的外部监督机制。

2. 活动平台搭建者

西方国家对智库活动平台的构建工作有些值得我们借鉴。一方面，建立智库参与政府和议会决策的专门机制，允许智库通过参加议会专门听证会、发布研究报告等方式影响政府和议会。另一方面，积极拓展智库活动的国际平台。从西方国家智库发展的实践看，由国家或区域政治组织为后盾成立的一些重要智库活动平台，如达沃斯论坛、全球财富论坛等，在提升西方智库影响力、传播西方价值和文化、引导国际舆论、形成国际议程等方面发挥着重要的作用。某种程度上，这些平台构成了西方重要智库产生世界性影响的基础。

我国特色新型智库建设和发展在活动平台方面还存在一些不足，如智库参与政府决策缺乏制度化的机制；国际性的高水平智库论坛建设还相对落后，对国际舆论和国际公共议程的建构能力亟待加强。为此，政府应着力搭建特色新型智库的活动平台；应拓宽智库参与渠道，健全智库参与的体制机制，从制度上保障智库参与政府决策和政治协商的权利，从程序上强化智库参与的强制性和规范性；应积极配合国家战略，努力提升国内智库在国际上的地位和权威。在这方面，可借鉴国外做法，形成国家领导人到智库演讲的惯例，增加重要智库的曝光率，提高国际影响力；同时还可结合国家发展的战略决策，围绕全球治理重大问题，在巩固和发展现有博鳌论坛等平台的基础上，搭建新的智库活动平台，如配合“一带一路”的战略布局，建立一个由“一带一路”相关国家参与的大型智库论坛，形成智库对话平台；亦可就环境保护、非传统安全、反贸易保护主义等全球治理的重大问题，建立包括发达国家、发展中国家在内的专门性智库论坛。通过这些平台的搭建，为中国智库提供宽广的国际舞台，同时凝聚各国智库智慧，探讨共同发展，谋求共同繁荣，创新合作机制和改革制度安排，化解各种冲突和分歧，为世界贡献中国智慧。

3. **人才基础建设者**

人才是特色新型智库高水平、跨越式发展的人力资源基础。西方国家高水平智库在当今世界地位和影响力的形成，很大程度上是因为其拥有一支高水平的智库人才队伍。其较为成熟的人力资源管理机制和“旋转门”机制形成了政府与智库在人力资源上的共建共享局面。

相比较而言，我国智库与政府之间在某种程度上还存在着人力资源上相互隔绝的现象。具体表现在：第一，编制身份的固化使得智库人员难以进入政府机构，导致智库人员对政府管理和政策制定不免雾里看花，难以真正发挥咨政作用；第二，对智库地位认识不足，使得有实践经验、有研究能力的政府官员难以向智库机构流动；第三，智库投入不足、待遇有限，使得青年才俊很少将进入智库作为职业选择。对此，政府需加强特色新型智库的人才基础建设。首先，要着力建设中国的人才资源互通机制。一方面，需要探索建立了解政府管理与政策制定过程、具有政策研究能力的政府公务员向智库交流的机制。可以采取留职学习，定期选派具有一定理论素养和研究能力的政府公务员到重要的智库单位学习，学习期间，保留其在原工作部门的职位和待遇；同时还应注意引导政府部门退休的领导干部进入智库工作。另一方面，政府应当吸纳优秀智库研究人才进入政府部门工作，以提升政府管理与决策的科学化水平和效率。目前较为实际的途径是建立健全智库研究人员到政府机构挂职的工作机制，定期吸纳智库人员到政府机构挂职锻炼。其次，要加大对智库人力资源建设的投入，提高智库工作人员待遇，增强智库研究工作的吸引力。如此坚持下来，我国智库人力资源状况定将得到极大地改善。

4. **资金保证支持者**

充足的资金是智库赖以生存和发展的物质基础。从发达国家智库发展的实践来看,其经费来源一般有三种:一是政府拨款;二是外界捐赠;三是提供服务的收入。美国智库发展的资金主要来源于日常承接的项目经费,学术出版物及学术会议的正常经营收益,外部环境中的基金会、社会团体、个人及企业的资金捐助;而在政府层面,美国智库还享有政策优惠,社会性捐赠还可以获得免税待遇。法国则更加强调政府对智库的财政支持,诸多智库的发展得益于政府资助,资助比例甚至可高达75%。多样化的资金来源极大地夯实了智库发展的经济基础,也成为西方国家智库拥有国际影响力的物质根源。而我国智库特别是一些民间智库则往往因为资金来源渠道有限,财政上捉襟见肘,身处窘境。因此,在特色新型智库建设中仍需强化和优化政府财政支持。

首先,政府应加大对智库建设的投入。虽然长期以来我国的科学研究投入持续增加,但是这些研发投入又大部分集中在自然科学和工程技术领域,投入到社会科学研究领域的资金相形见绌,直接用于智库建设的投入则更少。为此,应加大财政资金投入,确保公益性研究机构财政资金足额拨款;同时,应将向各类智库采购智力成果和咨政服务的经费纳入年度财政预算,为各类智库提供稳定的和可预期的财政支持。

其次,政府应统筹不同性质智库发展投入。当前,政府对智库的投入在不同性质智库之间存在较为明显的差别。有数据表明,我国民间智库资金严重短缺,仅占软科学投入的5.13%。对比美国民间智库,其资金来源主要是社会性捐赠,但财政资金的投入也基本在15%~20%,政府对民间智库的倾斜在制度层面解决了其正常运转问题。相对于官方、半官方智库,独立于体制之外的民间智库由于没有体制上的约束,更能采取公众立场,从社会大众福祉出发思考问题。但政府在财政投入上的不同,使得不少民间智库组织因为财政困窘,难以有效顺利运行。因此,政府应该出台相应制度规范,为各种不同性质的智库争取财政资金支持创造平等公正的平台,使得民间智库也有可能通过高水平的政策研究和咨政服务得到政府财政的支持。

最后,政府应健全和优化投入机制。西方发达国家智库繁荣发展的经济基础在于多元化的筹资渠道。在这方面,我国各级党委和政府也应承担起责任,健全和优化智库投入机制。一是完善政府常规资助机制。改革方向是逐步减少以具体课题项目为途径的资助,进而转变为常规性、整体性的资助,降低资金利益对具体政策咨询的影响。二是完善基金会捐助机制,通过社会组织设立智库类专项基金,接受政府、企业及全社会的捐赠,科学运作管理基金,建立基金捐助智库的通道,同时鼓励其他基金会对智库的资助行为。三是加大政府购买服务的力度,改变过度依赖部门内研究机构的传统做法,向智库机构购买决策咨询服务和政策评估服务。

综上所述,各级政府应该根据中央关于智库发展的意见精神,着力完善智库发展的制度体系,搭建智库发展的高水平平台,为智库发展提供人力资源和财政支持,为智库发展创造良好的环境和氛围。

参考文献

一、主要著作与论文集

[1]胡鞍钢. 中国特色新型智库:胡鞍钢的观点[M]. 北京:北京大学出版社,2014.

[2]金芳,孙振海,国峰,等. 西方学者论智库[M]. 上海:上海社会科学院出版社,2010.

[3]李建军,崔树义. 世界各国智库研究[M]. 北京:人民出版社,2010.

[4]全国高校社会科学科研管理研究会. 中国高校人文社会科学研究通鉴(2001—2010)[M]. 武汉:武汉大学出版社,2013.

[5]王辉耀,苗绿. 大国背后的"第四力量"[M]. 北京:中信出版集团,2017.

[6]王辉耀,苗绿. 大国智库[M]. 北京:人民出版社,2014.

[7]王文. 伐谋——中国智库影响世界之道[M]. 北京:人民出版社,2016.

二、主要期刊

[1]陈媛媛,李刚. 智库网站影响力评价指标体系研究[J]. 图书馆论坛,2016(5).

[2]陈太洋,任全娥. 中外企业网站的链接分析与网络影响力评价[J]. 情报理论与实践,2008,31(4).

[3]黄华伟、杨端光."十二五"中国高校社会科学研究现状——基于国家社科基金年度项目的统计分析[J]. 高教发展与评估,2016(5).

[4]黄华伟、杨端光.教育部社科一般项目发展现状——基于2005—2014年立项数据的实证分析[J].西南民族大学学报(人文社科版),2016(8).
[5]黄华伟."十一五"期间我国高校社科研究现状——基于国家社科基金项目的统计分析[J].情报科学,2012(4).
[6]黄华伟.高校科学研究优秀成果奖分析——以第七届社科优秀成果奖为研究对象[J].中国高校科技,2016(8).
[7]黄华伟、朱小平.社科专家结构探析与思考——基于湖南省历届优秀社科专家、青年社科专家、荣誉社科专家数据分析[J].图书馆,2013(4).
[8]侯经川,赵蓉英.国外思想库的产生发展及其对政府决策的支持[J].图书情报知识,2003(5).
[9]洪伟,邓心安.中国民间思想库:作用与对策[J].科学与管理,2008(1).
[10]刘伟,段宇锋.基于网络影响力的电子政务建设绩效评价[J].情报科学,2006(11).
[11]马小闵,刘宝录.层次分析法在管理信息系统的建设中的应用[J].科学管理研究,2006(4).
[12]马宇歌.高质量 独立性 影响力——亲历全球第一智库[J].秘书工作,2012(4).
[13]米云,金英伟.基于链接分析法的出版社网站评价研究[J].现代出版,2012(5).
[14]邱均平,程妮.中国重点大学的网络影响力评价研究[J].科学学研究,2009,27(2).
[15]上海社会科学院智库研究中心项目组.中国智库影响力的实证研究与政策建议[J].社会科学,2014(4).
[16]王莉丽.如何打造具有国际影响的中国思想库[J].领导文萃,2009(17).
[17]杨思洛,冯雅.中国智库网络影响力分系统对比评价研究[J].重庆大学学报,2017(2).
[18]杨思洛,冯雅,韩雷.中美顶尖智库比较分析及其启示[J].智库理论

与实践,2016(3).
[19]周湘智.中国特色新型智库现代运行机制的构建[J].河南社会科学,2017(3).
[20]詹映.国外智库建设经验及其对我国知识产权智库建设的启示[J].科技与法律,2015(4).
[21]章静.中国政府智库运作机制分析[J].法制博览,2016(2).
[22]赵志耘,杨朝峰.中美思想库比较研究[J].中国软科学,2011(7).

三、主要报纸

[1]陈永杰,张永军,姜春力,等.八大措施促新型智库体系建设[N].经济参考报,2015-01-23(8).
[2]楚尔鸣,周旭枚.美高校智库“六结合”机制及其借鉴[N].中国社会科学报,2017-03-02(2).
[3]黄华伟.地方高校新型智库建设路径浅析[N].中国社会科学报,2017-05-18(7).
[4]黄华伟,杨端光.课题制管理模式的问题与对策[N].中国社会科学报,2016-10-25(1).
[5]黄华伟.多管齐下加快地方特色新型智库建设[N].中国社会科学报,2016-12-29(2).
[6]黄海,何绍辉.构建全面的智库评价体系[N].中国社会科学报,2016-04-19(4).
[7]立足创新 提高质量 继往开来——高校哲学社会科学繁荣计划“十一五”成就巡礼[N].光明日报,2011-02-28(10).
[8]盛明科.智库评价应体现科学分类要求[N].中国社会科学报,2016-09-08(2).
[9]盛明科,蔡振华.建构高校智库三维评价体系[N].中国社会科学报,2017-04-01(2).
[10]盛明科.高校智库建设亟须处理好四种关系[N].中国社会科学报,2016-12-01(2).
[11]唐丽伟,董石桃.美高校智库经费运营及其启示[N].中国社会科学报,2016-04-14(2).

[12]王卓君,余敏江.新型智库知识生产的社会建构[N].中国社会科学报,2015-10-09(4).

[13]余敏江.智库作用与国家治理能力提升[N].中国社会科学报,2017-03-31(4).

[14]余敏江.中国智库建设需要聚焦"特"与"新"[N].中国社会科学报,2016-12-15(2).

[15]余敏江.优化新型智库发展的政治生态[N].中国社会科学报,2015-11-05(2).

[16]余敏江.建设"质量型"智库急需体制革新[N].中国社会科学报,2015-12-24(2).

[17]颜佳华,刘超.强化智库建设中的政府职责[N].中国社会科学报,2017-05-04(2).

[18]周湘智.智库建设急需高端人才[N].光明日报,2015-02-04(7).

[19]周湘智.迎接智库研究的2.0时代[N].光明日报,2015-08-05(16).

[20]周湘智.在八个结合中推进中国特色新型智库建设[N].光明日报,2015-12-30(12).

[21]周湘智.把握中国新型智库的特色内涵[N].中国社会科学报,2015-11-18(7).

[22]周湘智.智库建设应走向品牌化[N].中国社会科学报,2014-08-01(B02).

[23]朱旭峰.中国智库建设10大关键词[N].光明日报,2015-02-04(16).

[24]郑代良.构建合理评价机制 推动智库稳健发展[N].中国社会科学报,2016-12-15(2).

[25]钟秉林.进一步加大投入 繁荣高校哲学社会科学研究[N].中国教育报,2013-04-11(8).

[26]周湘智.接轨国际标准 凸显中国特色 我国智库建设发展趋势前瞻[N].人民日报,2016-03-03(7).

四、电子资源

[1]刘奇葆:提升服务决策能力 打造“智库国家队”[EB/OL].(2017-02-24)[2017-02-26]. http://news.xinhuanet.com/politics/2017-02/24/c_1120526985.htm.

[2]中国记协网.关于加强中国特色新型智库建设的意见[EB/OL].(2015-01-21)[2017-02-26]. http://news.xinhuanet.com/zgjx/2015-01/21/c_133934292.htm.

[3]湖南人民政府.关于加强湖南新型智库建设的实施意见[EB/OL].(2015-07-30)[2017-01-15]. http://www.hunan.gov.cn/zw/hnyw/zwdt/201507/t20150730_1809928.html.

[4]中国互联网络信息中心.中国互联网络发展状况统计报告[EB/OL].(2016-08-03)[2016-09-16]. http://www.cnnic.cn/hlwfzyj/hlwxzbg/hlwtjbg/201608/P020160803367337470363.pdf.

[5]中国社会科学院.我院概况[EB/OL].(2013-08-28)[2016-06-25]. http://cass.cssn.cn/gaikuang/.

[6]清博指数.新媒体指数出榜指南[EB/OL].(2015-02-09)[2016-08-20]. http://www.Gsdata.cn/index.php/site.

[7]yaahp层次分析软件.新手指南[EB/OL].(2016-04-23)[2016-08-27]. http://www.yaahp.com/product/overview.

[8]上海社会科学院智库研究中心.2015年中国智库报告[EB/OL].(2016-06-20)[2016-09-22]. http://www.pjzgzk.org.cn/c/87.htm. [9]全国哲学社会科学规划办公室.国家社会科学基金历年资助年度项目[EB/OL].(2015-12-16)[2016-07-01]http://www.npopss-cn.gov.cn/GB/219469/index.html.

[10]中国高校人文社会科学信息网.教育部社科一般项目历年资助项目(2005—2014年)[EB/OL].(2014-04-16)[2016-05-17]. http://www.sinoss.net.

[11]教育部.2014年全国高等学校名单(截至2014年7月9日),教育部门户网站[EB/OL].(2014-08-07)[2016-06-26]. http://www.moe.gov.cn/publicfiles/business/htmlfiles/moe/moe_634/201408/

173611. html.

[12]Wikipedia. Brookings Institution[EB/OL]. (2016-02-13)[2016-04-11]. https://en. wikipedia. org/wiki/Brookings_Institution.

[13]TTCSP. 2015 Global Go To Think Tank Index Report [EB/OL]. (2016-01-29)[2016-04-11]. http://repository. upenn. edu/think_tanks/10/. //www. rand. org/pubs/corporate_pubs/CP1-2015. html.

[14]Rand Corporation. 2015 RAND Annual Report[EB/OL]. (2016-03-22)[2016-04-25]. https://www. rand. org/pubs/corporate_pubs/CP1-2015. html.

[15]Urban Institute. Funding and Annual Report[EB/OL]. (2016-02-18)[2016-04-25]. http://www. urban. org/about/funding-and-annual-reports.

五、其他

[1]李大经. 中国思想库:现状及发展研究——基于政府决策咨询的视角[D]. 南京:南京农业大学,2011.

[2]全国哲学社会科学规划办公室. 国家社会科学基金年度报告(2012)[R]. 北京:学习出版社,2013.

[3]吴迪. 我国高校智库的传播力提升策略研究[D]. 重庆:西南政法大学,2015.

[4]朱贝. 我国民间智库能力建设研究——以零点研究咨询集团为典型案例[D]. 长春:东北师范大学,2014.

附录1:关于加强中国特色新型智库建设的意见

为深入贯彻落实党的十八大和十八届三中、四中全会精神,加强中国特色新型智库建设,建立健全决策咨询制度,现提出如下意见。

一、重大意义

(一)中国特色新型智库是党和政府科学民主依法决策的重要支撑。决策咨询制度是我国社会主义民主政治建设的重要内容。我们党历来高度重视决策咨询工作。改革开放以来,我国智库建设事业快速发展,为党和政府决策提供了有力的智力支持。当前,全面建成小康社会进入决定性阶段,破解改革发展稳定难题和应对全球性问题的复杂性艰巨性前所未有,迫切需要健全中国特色决策支撑体系,大力加强智库建设,以科学咨询支撑科学决策,以科学决策引领科学发展。

(二)中国特色新型智库是国家治理体系和治理能力现代化的重要内容。纵观当今世界各国现代化发展历程,智库在国家治理中发挥着越来越重要的作用,日益成为国家治理体系中不可或缺的组成部分,是国家治理能力的重要体现。全面深化改革,完善和发展中国特色社会主义制度,推进国家治理体系和治理能力现代化,推动协商民主广泛多层制度化发展,建立更加成熟更加定型的制度体系,必须切实加强中国特色新型智库建设,充分发挥智库在治国理政中的重要作用。

(三)中国特色新型智库是国家软实力的重要组成部分。一个大国的发展进程,既是经济等硬实力提高的进程,也是思想文化等软实力提高的进程。智库是国家软实力的重要载体,越来越成为国际竞争力的重要因素,在对外交往中发挥着不可替代的作用。树立社会主义中国的良好形象,推动中华文化和当代中国价值观念走向世界,在国际舞台上发出中国声音,迫切需要发挥中国特色新型智库在公共外交和文化互鉴中的重要作用,不断增强我国的国际影响力和国际话语权。

智力资源是一个国家、一个民族最宝贵的资源。近年来,我国智库发展很快,在出思想、出成果、出人才方面取得很大成绩,为推动改革开放和社会主义现代化建设作出了重要贡献。同时,随着形势发展,智库建设跟不上、不适应的问题也越来越突出,主要表现在:智库的重要地位没有受到普遍重视,具有较大影响力和国际知名度的高质量智库缺乏,提供的高质量研究成果不够多,参与决策咨询缺乏制度性安排,智库建设缺乏整体规划,资源配置不够科学,组织形式和管理方式亟待创新,领军人物和杰出人才缺乏。解决这些问题,必须从党和国家事业发展全局的战略高度,把中国特色新型智库建设作为一项重大而紧迫的任务,采取有力措施,切实抓紧抓好。

二、指导思想、基本原则和总体目标

(四)指导思想。深入贯彻党的十八大和十八届三中、四中全会精神,高举中国特色社会主义伟大旗帜,坚持以马克思列宁主义、毛泽东思想、邓小平理论、“三个代表”重要思想、科学发展观为指导,深入贯彻习近平总书记系列重要讲话精神,以服务党和政府决策为宗旨,以政策研究咨询为主攻方向,以完善组织形式和管理方式为重点,以改革创新为动力,努力建设面向现代化、面向世界、面向未来的中国特色新型智库体系,更好地服务党和国家工作大局,为实现中华民族伟大复兴的中国梦提供智力支撑。

(五)基本原则

——坚持党的领导,把握正确导向。坚持党管智库,坚持中国特色社会主义方向,遵守国家宪法法律法规,始终以维护国家利益和人民利益为根本出发点,立足我国国情,充分体现中国特色、中国风格、中国气派。

——坚持围绕大局,服务中心工作。紧紧围绕党和政府决策急需的重大课题,围绕全面建成小康社会、全面深化改革、全面推进依法治国的重大任务,开展前瞻性、针对性、储备性政策研究,提出专业化、建设性、切实管用的政策建议,着力提高综合研判和战略谋划能力。

——坚持科学精神,鼓励大胆探索。坚持求真务实,理论联系实际,强化问题意识,积极建言献策,提倡不同学术观点、不同政策建议的切磋争鸣、平等讨论,创造有利于智库发挥作用、积极健康向上的良好环境。

——坚持改革创新,规范有序发展。按照公益服务导向和非营利机构属性的要求,积极推进不同类型、不同性质智库分类改革,科学界定各类智库的功能定位。加强顶层设计、统筹协调和分类指导,突出优势和特色,调整优化智库布局,促进各类智库有序发展。

(六)总体目标。到2020年,统筹推进党政部门、社科院、党校行政学院、高校、军队、科研院所和企业、社会智库协调发展,形成定位明晰、特色鲜明、规模适度、布局合理的中国特色新型智库体系,重点建设一批具有较大影响力和国际知名度的高端智库,造就一支坚持正确政治方向、德才兼备、富于创新精神的公共政策研究和决策咨询队伍,建立一套治理完善、充满活力、监管有力的智库管理体制和运行机制,充分发挥中国特色新型智库咨政建言、理论创新、舆论引导、社会服务、公共外交等重要功能。

中国特色新型智库是以战略问题和公共政策为主要研究对象、以服务党和政府科学民主依法决策为宗旨的非营利性研究咨询机构,应当具备以下基本标准:(1)遵守国家法律法规、相对稳定、运作规范的实体性研究机构;(2)特色鲜明、长期关注的决策咨询研究领域及其研究成果;(3)具有一定影响的专业代表性人物和专职研究人员;(4)有保障、可持续的资金来源;(5)多层次的学术交流平台和成果转化渠道;(6)功能完备的信息采集分析系统;(7)健全的治理结构及组织章程;(8)开展国际合作交流的良好条件等。

三、构建中国特色新型智库发展新格局

(七)促进社科院和党校行政学院智库创新发展。社科院和党校行政学院要深化科研体制改革,调整优化学科布局,加强资源统筹整合,重点围绕提高国家治理能力和经济社会发展中的重大现实问题开展国情调研和决策咨询研究。发挥中国社会科学院作为国家级综合性高端智库的优势,使其成为具有国际影响力的世界知名智库。支持中央党校、国家行

政学院把建设中国特色新型智库纳入事业发展总体规划，推动教学培训、科学研究与决策咨询相互促进、协同发展，在决策咨询方面发挥更大作用。地方社科院、党校行政学院要着力为地方党委和政府决策服务，有条件的要为中央有关部门提供决策咨询服务。

（八）推动高校智库发展完善。发挥高校学科齐全、人才密集和对外交流广泛的优势，深入实施中国特色新型高校智库建设推进计划，推动高校智力服务能力整体提升。深化高校智库管理体制改革，创新组织形式，整合优质资源，着力打造一批党和政府信得过、用得上的新型智库，建设一批社会科学专题数据库和实验室、软科学研究基地。实施高校哲学社会科学走出去计划，重点建设一批全球和区域问题研究基地、海外中国学术研究中心。

（九）建设高水平科技创新智库和企业智库。科研院所要围绕建设创新型国家和实施创新驱动发展战略，研究国内外科技发展趋势，提出咨询建议，开展科学评估，进行预测预判，促进科技创新与经济社会发展深度融合。发挥中国科学院、中国工程院、中国科协等在推动科技创新方面的优势，在国家科技战略、规划、布局、政策等方面发挥支撑作用，使其成为创新引领、国家倚重、社会信任、国际知名的高端科技智库。支持国有及国有控股企业兴办产学研用紧密结合的新型智库，重点面向行业产业，围绕国有企业改革、产业结构调整、产业发展规划、产业技术方向、产业政策制定、重大工程项目等开展决策咨询研究。

（十）规范和引导社会智库健康发展。社会智库是中国特色新型智库的组成部分。坚持把社会责任放在首位，由民政部会同有关部门研究制定规范和引导社会力量兴办智库的若干意见，确保社会智库遵守国家宪法法律法规，沿着正确方向健康发展。进一步规范咨询服务市场，完善社会智库产品供给机制。探索社会智库参与决策咨询服务的有效途径，营造有利于社会智库发展的良好环境。

（十一）实施国家高端智库建设规划。加强智库建设整体规划和科学布局，统筹整合现有智库优质资源，重点建设50至100个国家亟须、特色鲜明、制度创新、引领发展的专业化高端智库。支持中央党校、中国科学院、中国社会科学院、中国工程院、国务院发展研究中心、国家行政学院、中国科协、中央重点新闻媒体、部分高校和科研院所、军队系统重点教学科研单位及有条件的地方先行开展高端智库建设试点。

（十二）增强中央和国家机关所属政策研究机构决策服务能力。中央和国家机关所属政策研究机构要围绕中心任务和重点工作，定期发布决策需求信息，通过项目招标、政府采购、直接委托、课题合作等方式，引导相关智库开展政策研究、决策评估、政策解读等工作。中央政研室、中央财办、中央外办、国务院研究室、国务院发展研究中心等机构要加强与智库的沟通联系，高度重视、充分运用智库的研究成果。全国人大要加强智库建设，开展人民代表大会制度和中国特色社会主义法律体系理论研究。全国政协要推进智库建设，开展多党合作和政治协商制度、社会主义协商民主制度理论研究。人民团体要发挥密切联系群众的优势，拓展符合自身特点的决策咨询服务方式。

四、深化管理体制改革

（十三）深化组织管理体制改革。按照行政管理体制改革和事业单位分类改革的要求，遵循智库发展规律，推进不同类型智库管理体制改革。强化政府在智库发展规划、政策法规、统筹协调等方面的宏观指导责任，创新管理方式，形成既能把握正确方向、又有利于激发智库活力的管理体制。

（十四）深化研究体制改革。鼓励智库与实际部门开展合作研究，提高研究工作的针对性实效性。健全课题招标或委托制度，完善公开公平公正、科学规范透明的立项机制，建立长期跟踪研究、持续滚动资助的长效机制。重视决策理论和跨学科研究，推进研究方法、政策分析工具和技术手段创新，搭建互联互通的信息共享平台，为决策咨询提供学理支撑和方法论支持。

（十五）深化经费管理制度改革。建立健全规范高效、公开透明、监管有力的资金管理机制，探索建立和完善符合智库运行特点的经费管理制度，切实提高资金使用效益。科学合理编制和评估经费预算，规范直接费用支出管理，合规合理使用间接费用，发挥绩效支出的激励作用。加强资金监管和财务审计，加大对资金使用违规行为的查处力度，建立预算和经费信息公开公示制度，健全考核问责制度，不断完善监督机制。

（十六）深化成果评价和应用转化机制改革。完善以质量创新和实际贡献为导向的评价办法,构建用户评价、同行评价、社会评价相结合的指标体系。建立智库成果报告制度,拓宽成果应用转化渠道,提高转化效率。对党委和政府委托研究课题和涉及国家安全、科技机密、商业秘密的智库成果,未经允许不得公开发布。加强智库成果知识产权创造、运用和管理,加大知识产权保护力度。

(十七)深化国际交流合作机制改革。加强中国特色新型智库对外传播能力和话语体系建设,提升我国智库的国际竞争力和国际影响力。建立与国际知名智库交流合作机制,开展国际合作项目研究,积极参与国际智库平台对话。坚持引进来与走出去相结合,吸纳海外智库专家、汉学家等优秀人才,支持我国高端智库设立海外分支机构,推荐知名智库专家到有关国际组织任职。重视智库外语人才培养、智库成果翻译出版和开办外文网站等工作。简化智库外事活动管理、中外专家交流、举办或参加国际会议等方面的审批程序。坚持以我为主、为我所用,学习借鉴国外智库的先进经验。

五、健全制度保障体系

(十八)落实政府信息公开制度。按照政府信息公开条例的规定,依法主动向社会发布政府信息,增强信息发布的权威性和及时性。完善政府信息公开方式和程序,健全政府信息公开申请的受理和处置机制。拓展政府信息公开渠道和查阅场所,发挥政府网站以及政务微博、政务微信等新兴信息发布平台的作用,方便智库及时获取政府信息。健全政府信息公开保密审查制度,确保不泄露国家秘密。

(十九)完善重大决策意见征集制度。涉及公共利益和人民群众切身利益的决策事项,要通过举行听证会、座谈会、论证会等多种形式,广泛听取智库的意见和建议,增强决策透明度和公众参与度。鼓励人大代表、政协委员、政府参事、文史馆员与智库开展合作研究。探索建立决策部门对智库咨询意见的回应和反馈机制,促进政府决策与智库建议之间良性互动。

(二十)建立健全政策评估制度。除涉密及法律法规另有规定外,重大改革方案、重大政策措施、重大工程项目等决策事项出台前,要进行可行性论证和社会稳定、环境、经济等方面的风险评估,重视对不同智库评估报告的综合分析比较。加强对政策执行情况、实施效果和社会影响的评估,建立有关部门对智库评估意见的反馈、公开、运用等制度,健全决策纠错改正机制。探索政府内部评估与智库第三方评估相结合的政策评估模式,增强评估结果的客观性和科学性。

(二十一)建立政府购买决策咨询服务制度。探索建立政府主导、社会力量参与的决策咨询服务供给体系,稳步推进提供服务主体多元化和提供方式多样化,满足政府部门多层次、多方面的决策需求。研究制定政府向智库购买决策咨询服务的指导意见,明确购买方和服务方的责任和义务。凡属智库提供的咨询报告、政策方案、规划设计、调研数据等,均可纳入政府采购范围和政府购买服务指导性目录。建立按需购买、以事定费、公开择优、合同管理的购买机制,采用公开招标、邀请招标、竞争性谈判、单一来源等多种方式购买。

(二十二)健全舆论引导机制。着眼于壮大主流舆论、凝聚社会共识,发挥智库阐释党的理论、解读公共政策、研判社会舆情、引导社会热点、疏导公众情绪的积极作用。鼓励智库运用大众媒体等多种手段,传播主流思想价值,集聚社会正能量。坚持研究无禁区、宣传有纪律。

六、加强组织领导

(二十三)高度重视智库建设。各级党委和政府要充分认识中国特色新型智库的地位和作用,把智库建设作为推进科学执政、依法行政、增强政府公信力的重要内容,列入重要议事日程。建立健全党委统一领导、有关部门分工负责的工作体制,切实加强对智库建设工作的领导。

(二十四)不断完善智库管理。有关部门和业务主管单位要按照谁主管、谁负责和属地管理、归口管理的原则,切实负起管理责任,建章立制,立好规矩,制定具体明晰的标准规范和管理措施,确保智库所从事的各项活动符合党的路线方针政策,遵守国家法律法规。加强统筹协调,做好整体规划,优化资源配置,避免重复建设,防止一哄而上和无序发展。

(二十五)加大资金投入保障力度。各级政府要研究制定和落实支持智库发展的财政、金融政策,探索建立多元化、多渠道、多层次的投入体系,健全竞争性经费和稳定支持经费相协调的投入机制。根据不同类型智库的性质和特点,研究制定不同的支持办法。落实公益捐赠制度,鼓励企业、社会组织、个人捐赠资助智库建设。

（二十六）加强智库人才队伍建设。各级党委和政府要把人才队伍作为智库建设重点，实施中国特色新型智库高端人才培养规划。推动党政机关与智库之间人才有序流动，推荐智库专家到党政部门挂职任职。深化智库人才岗位聘用、职称评定等人事管理制度改革，完善以品德、能力和贡献为导向的人才评价机制和激励政策。探索有利于智库人才发挥作用的多种分配方式，建立健全与岗位职责、工作业绩、实际贡献紧密联系的薪酬制度。加强智库专家职业精神、职业道德建设，引导其自觉践行社会主义核心价值观，增强社会责任感和诚信意识，牢固树立国家安全意识、信息安全意识、保密纪律意识，积极主动为党和政府决策贡献聪明才智。

各地区各有关部门要结合实际，按照本意见精神制定具体办法。

附录2:中国特色新型高校智库建设推进计划

为深入贯彻落实党的十八大、十八届三中全会精神,贯彻落实习近平总书记关于加强智库建设的重要批示和刘延东副总理在“繁荣发展高校哲学社会科学 推动中国特色新型智库建设”座谈会上的重要讲话精神,推进中国特色新型高校智库建设,为党和政府科学决策提供高水平智力支持,制定本计划。

一、服务国家发展,明确建设目标

1. 明确高校智库的功能定位。高校智库应当发挥战略研究、政策建言、人才培养、舆论引导、公共外交的重要功能。一是发挥基础研究实力雄厚的优势,着重开展事关国家长远发展的基础理论研究,为科学决策提供坚实的理论支撑。二是发挥学科门类齐全的优势,围绕重大现实问题,开展多学科的综合研究,提出具有针对性和操作性的政策建议。三是发挥人才培养的优势,努力培养复合型智库人才,为中国特色新型智库建设提供有力的人才保障。四是发挥高校学术优势,针对社会热点问题,积极释疑解惑,引导社会舆论。五是发挥对外交流广泛的优势,积极开展人文交流,推动公共外交。

2. 建立形式多样、结构合理的高校智库组织形式。按照总体设计、点面结合、突出重点、分类实施的原则,创新体制机制,整合优质资源,打造高校智库品牌,带动高校社会服务能力的整体提升。一是以学者为核心,支持和培养一批具有重要影响的高端智库人才和咨政研究团队。二是以机构建设为重点,培育建设一批具有集成优势的新型智库机构。三是以项目为抓手,改革科研项目管理,提高应用研究项目质量。四是以成果转化平台为基础,拓展转化渠道,搭建高端发布平台。

二、聚焦国家急需,确定主攻方向

围绕完善和发展中国特色社会主义制度,推进国家治理体系和治理能力现代化的总目标,结合高校优势和特色,统筹规划高校各类科研机构、人才团队和项目设置,凝炼智库建设的主攻方向,力求在以下关键领域、关键环节以及亟待解决的问题上取得重大突破。

1. 经济建设。围绕社会主义市场经济体制完善、经济发展方式转变等重大问题,重点推进经济结构调整与转型、创新驱动发展和国家创新体系建设、城乡一体化发展、财税体制改革、金融创新与安全、粮食与食品安全、区域经济协调发展等重点领域研究。

2. 政治建设。围绕社会主义民主政治建设、依法治国等重大问题,重点推进发展人民民主、行政体制改革、公共治理创新、社会主义法律体系完善、司法体制改革、民族与宗教问题等重点领域研究。

3. 文化建设。围绕提升国家软实力、深化文化体制改革等重大问题,重点推进社会主义核心价值体系建设、中华优秀传统文化传承创新、文化产业发展、中国文化“走出去”等重点领域研究。

4. 社会建设。围绕民生保障与改善、社会体制改革等重大问题,重点推进教育现代化、医药卫生体制改革、人口发展战略、收入分配改革、社会保障体系、创新社会治理体制等重点领域研究。

5. 生态文明建设。围绕国家经济社会可持续发展中的重大问题,重点推进国土开发、节能减排、发展低碳经济、应对全球气候变化、环境保护等重点领域研究。

6. 党的建设。围绕提高党的建设科学化水平、保持党的先进性和纯洁性等重大问题,重点推进党的思想建设、组织建设、作风建设、反腐倡廉建设、制度建设等重点领域研究。

7. 外交与国际问题。围绕维护国家主权与安全、促进世界和平发展等重大问题,重点推进构建新型大国关系、周边环境与周边外交、新兴国家崛起、海洋战略与海洋强国政策、反恐维和、全球治理、公共外交等重点领域研究。

8.“一国两制”实践与推进祖国统一。围绕“一国两制”的理论与实践、两岸关系和平发展中的重大问题,重点推进完善与基本法实施相关的制度和机制、深化内地与港澳经贸关系、推进两岸交流合作等重点领域研究。

三、整合优质资源,建设新型智库机构

1. 以2011协同创新中心和人文社会科学重点研究基地建设为抓手,重点打造一批国家级智库。按照“国家急需、世界一流、制度先进、贡献重大”的总体要求,认定和建设一批国家“2011协同创新中心”。深化高校人文社会科学重点研究基地运行和管理体制改革,实行“有进有退、优胜劣汰”的动态管理和弹性经费制度,完善总体布局,推动重点研究基地从整体上向问题导向转型,提升社会服务能力。

2. 实施社科专题数据库和实验室建设计划,促进智库研究手段和方法创新。围绕内政外交重大问题,重点建设一批社会调查、统计分析、案例集成等专题数据库,和以模拟仿真和实验计算研究为手段的社会科学实验室,为高校智库提供有力的数据和方法支撑。

3. 以高校哲学社会科学“走出去”计划为依托,扩大高校智库国际学术话语权和影响力。完善结构布局,创新组织形式,重点建设一批全球和区域问题研究基地。推动高校智库与国外一流智库建立实质性合作关系,建立海外中国学术中心,支持高端智库参与和设立国际学术组织、举办创办高端国际学术会议。

4. 加强高等学校软科学研究基地建设。以综合性大学现有的高水平战略研究机构为基础,培育一批面向国家和国际重大科技战略问题的国家级智库。培育、鼓励行业特色院校组建行业、产业科技发展战略研究中心,形成全面覆盖的行业、产业发展战略与政策研究支撑网络。面向区域发展需要,在高校培育一批面向区域产业发展需要的特色政策咨询机构。

四、发挥人才关键作用,着力培养和打造高校智库队伍

1. 实施高端智库人才计划。遴选确定立场坚定、理论深厚、视野开阔、熟悉情况、掌握政策、联系实际的200多名高校专家,建立咨政研究核

心人才库，给予长期稳定支持。构建密切联系机制，引导和支持专家围绕全局、战略问题和重点、热点、难点问题，及时向党中央、国务院各部门提出政策建议，适时向公众发布研究观点，引导社会舆论。

2. 实施哲学社会科学教学科研骨干研修跟踪培养计划。对参加中央六部门举办的哲学社会科学教学科研骨干研修学员进行跟踪培养，组织参与实践考察、社会调研、挂职锻炼，在各类人才计划、团队建设、科研项目、出国访学等方面给予重点支持，培养一支智库建设的骨干队伍。

3. 推动智库人才交流。与有关部门密切配合，有计划地推荐高校智库核心专家到政府部门和国际组织挂职任职。聘请有较高理论素养的党政、企事业单位领导干部参与高校智库研究工作，形成政产学研用之间人才交叉流动的良好格局。

五、拓展成果应用渠道，打造高端发布平台

1. 建设中外高校智库交流平台。围绕国际国内重大热点问题，支持高校与国外高水平智库开展合作研究，举办高层智库论坛，打造高端引领、集中发布、影响广泛的高校智库成果发布品牌，发挥高校智库引导舆论、公共外交的重要作用。

2. 加大智库成果报送力度。进一步加强高校、科研机构、项目团队咨政建议的报送工作。建立咨政报告数据库，定期收集、整理、分析和反馈相关信息。拓展《教育部社会科学委员专家建议》报送渠道，加大报送力度，建立定向征集、集中报送的工作机制。

3. 加强成果发布管理。制订实施《关于加强和规范高校哲学社会科学成果发布管理的实施办法》，规范发布流程，切实把好政治关和质量关。

六、改革管理方式，创新组织形式

1. 大力推动协同。支持高校智库与实际工作部门联合组建研究团队，主动加强与政府研究机构、社科院、科学院、工程院，以及民间智库等的合作，强化高校之间及高校内部的合作，着力构建强强联合、优势互补、深度融合、多学科交叉的协作机制。密切关注、全程跟踪党和政府重大决策，及时提供动态监测、效果评估和信息反馈。

2. 改进科研评价。牢固树立质量第一的评价导向，实施科学合理的

分类评价标准,把解决国家重大需求的实际贡献作为核心标准,完善以贡献和质量为导向的绩效评估办法,建立以政府、企业、社会等用户为主的评价机制。协调推进组织管理、人才培养、资源配置等方面的综合改革,构建有利于智库创新发展的长效机制。

3. 改革项目管理。建立后期资助方式,对政府决策产生重大影响的科研成果给予后期奖励和持续支持。密切跟踪重大需求,与实际工作部门合作确定科研项目选题,完善课题立项和申报制度,提高项目设置的针对性实用性。

七、加强组织领导,提供有力保障

1. 健全管理体制。把加强智库建设作为推动高等教育改革发展和繁荣发展哲学社会科学的重点任务,研究制定《关于提高高等学校哲学社会科学社会服务能力的意见》等文件,做好统筹规划,明确任务分工,形成工作合力。

2. 完善政策配套支持。根据新型智库特点和发展需要,在研究生招生、经费投入、项目支持等方面给予重点倾斜,在组织管理、人员评聘、科研活动安排等方面赋予更大的自主权,建立健全政策指导到位、保障措施得力、有利于激发智库活力的管理机制。

3. 加强经费保障。加大经费投入力度,多措并举筹集智库建设经费。完善经费使用机制,加大人力资本投入,实行绩效奖励。规范经费管理,加强绩效评估和审计,提高经费使用效益。

后 记

党的十九大报告指出，要“深化马克思主义理论研究和建设，加快构建中国特色哲学社会科学，加强中国特色新型智库建设”。中国特色新型智库将在全面深化改革过程中扮演着重要角色，直接推动国家治理体系和治理能力的现代化进程。智库研究是智库自身发展过程中的一种理论自觉。建设中国特色新型智库，需要有高度的理论与学术自觉。推进中国特色新型智库建设，亟须探索智库发展规律、培养智库高端人才、推进智库学科理论建设。

基于此，近年来我们团队瞄准国家智库建设重大现实需求，围绕特色新型智库建设内涵、特色新型智库建设机制、高校特色新型智库建设、智库建设绩效评价等主题，相继在《中国社会科学报》《重庆社会科学》《智库理论与实践》《图书馆》《中国高校科技》《高教发展与评估》等刊物上发表了一系列智库研究成果。这些成果运用公共管理、经济学、知识管理等学科理论，从科技创新与管理、信息管理与传播、知识管理与计量、绩效管理与评价等视角，深化了中国特色新型智库建设问题研究，回应了国家对于智库建设本身智库理论的需求。为了更好地、集中地发挥成果效用，我和华伟按照成果的主题和智库建设的内在逻辑梳理整合，整体呈现团队对于智库建设理论研究的探索，最后以《中国特色新型智库建设与评价研究》之名结集出版。

本书属于集体成果的结晶。收录本书论文的作者（按姓氏笔画顺序）分别为：王卓君、王晓真、冯雅、朱小平、刘超、李悦鸣、杨思洛、杨端光、何绍辉、佘敏江、林跃勤、周旭枚、周湘智、郑代良、唐丽伟、黄海、黄华伟、盛明科、韩雷、董石桃、楚尔鸣、蔡振华、颜佳华。没有标注论文出处的部分均为盛明科撰写。

衷心感谢刊载本书成果的诸多刊物！特别感谢中国社会科学杂志社国际二部主任林跃勤研究员、苏州大学政治与公共管理学院余敏江教授、湖南省社科院周湘智副教授等的鼎力支持！感谢我的老师、湘潭大学出版社社长颜佳华教授的关心！感谢我的研究生李悦鸣、蔡振华在编校过程中的辛苦工作！感谢湘潭大学公共管理学科的资助！

当然，本书仍存在诸多的不足，在探讨中国特色新型智库建设与评价问题上，不免挂一漏万，敬请各位读者批评指正。

盛明科

2017 年 10 月

图书在版编目（CIP）数据

中国特色新型智库建设与评价研究 / 盛明科等著
. -- 湘潭 : 湘潭大学出版社, 2017.11
ISBN 978-7-5687-0159-4

Ⅰ. ①中… Ⅱ. ①盛… Ⅲ. ①咨询机构－研究－中国
Ⅳ. ①C932.82

中国版本图书馆CIP数据核字（2017）第292387号

中国特色新型智库建设与评价研究

ZHONGGUO TESE XINXING ZHIKU JIANSHE YU PINGJIA YANJIU

盛明科等 著

责任编辑：刘 丹 辛露露
封面设计：陈奇维
出版发行：湘潭大学出版社
社 址：湖南省湘潭大学工程训练中心
电 话：0731-58298960 0731-58298966（传真）
邮 编：411105
网 址：http://press.xtu.edu.cn/
印 刷：长沙超峰印刷有限公司
经 销：湖南省新华书店
开 本：787 mm×1092 mm 1/16
印 张：12.25
字 数：131千字
版 次：2017年11月第1版
印 次：2017年11月第1次印刷
书 号：ISBN 978-7-5687-0159-4
定 价：28.00元